読みなおす日本史

山名宗全と細川勝元

小川信

吉川弘文館

目　次

勝元の登場および宗全との対立

分国の情勢

諸大名の分争

長期戦の様相

両将の死とその後の両家

細川家と山名家

はじめに

百年にわたる戦国の争乱の出発点となったといわれる応仁の乱は、それまでの室町幕府のもとでの政治上・社会上のいろいろな矛盾がつもりつもって惹き起こされたものであって、決して細川勝元《かつもと》と山名宗全《そうぜん》という二人の実力者の覇権争いだけから起こったものではない。けれどもこの二人の権勢家の対立・抗争が、足利将軍家や守護大名をめぐる争い、さらには全国各地の国人（在地領主）の間にひそむ軋轢《あつれき》に拍車をかけて、全国を二分するような大乱へと追い込んでしまったことも事実である。

だから勝元と宗全というライバルは、二人とも応仁の乱のいわば火付け役に違いないのだが、一体どうしてこの両雄が権勢を争うようになったかというと、それにはなかなかこみいった事情がからんでいて、それだけにこの大乱自体もひどく混沌《こんとん》とした、容易に結着のつかない様相を呈するに至るのである。そうした事情は大乱の直前だけを見たのではわかりにくい。

第一、勝元も宗全も、それ以後に下剋上でのし上ってくる群雄と違って、その権勢は一代や二代で築き上げたものではなく、南北朝時代の始めから何代もかかって蓄えた将軍家一門の大大名としての地位に物を言わせて、諸大名に号令しようとしたのである。そこで、まず細川・山名両家の由来、そして勝元と宗全の前半生から段々に眺めてみよう。

細川氏の台頭

細川氏の先祖は平安時代の末に下野の大豪族であった足利義康（源義家の孫）の子義清に始まる。義清は木曾義仲に属して平家と備中水島で戦って討死したが、その孫義季《よしすえ》は承久の乱後、本家の足利氏が三河の守護になったので、三河国額田郡の細川郷（岡崎市内）に移住して細川氏を称した。

義季から四代目の細川和氏《かずうじ》・頼春《よりはる》・師氏《もろうじ》兄弟およびその従兄弟顕氏《あきうじ》・定禅《じようぜん》・皇海《こうかい》兄弟は、元弘・建武の動乱に際会し、家名をあげるのはこの時とばかり、本家の足利尊氏に従って数々の戦いに奮闘した。ことに、建武二年（一三三五）の末、尊氏が建武政権に叛旗をひるがえした時には、まず定禅が四国に渡って味方を集め、翌年正月尊氏軍の京都占領の際、別働隊長となって京都に突入した。また、間もなく尊氏がいったん九州に落ちのびた時には、途中から和氏以下の一族が尊氏に命じられ、こぞって四国に渡って大軍を編成し、尊氏軍の九州進発に呼応して畿内に向かい、湊川の戦いに際してまっさきに上陸作戦を敢行し、足利方を大勝利に導くきっかけを作った。

こうして尊氏に認められた細川一族は、なるべく足利一門に諸国を統治させるという尊氏の政治上・軍事上の方針に乗り、四国を中心として畿内の一部と山陽の一国にまたがる七ケ国の守護を一族

細川氏系図

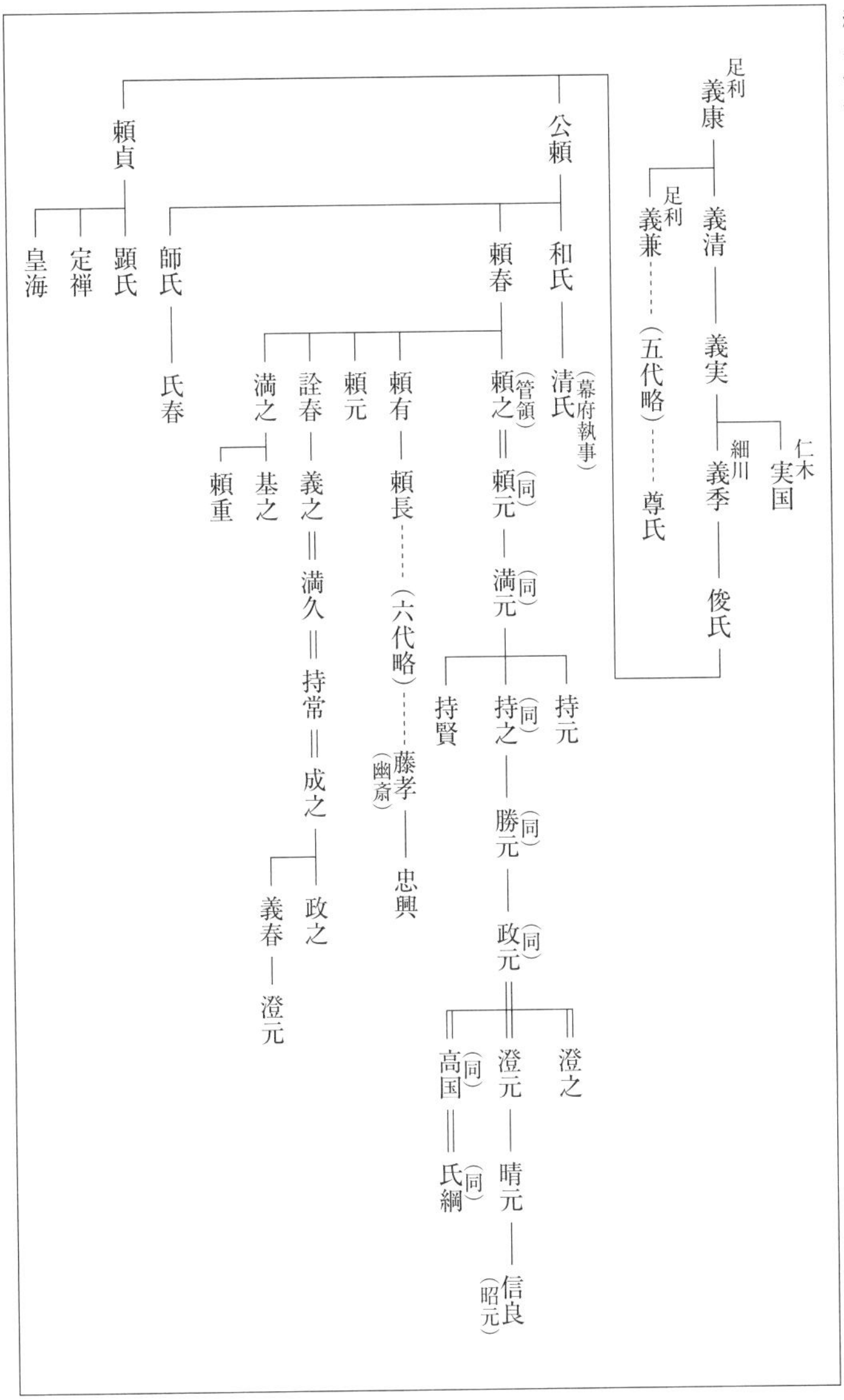
足利
義康
義清
足利
義兼
（五代略）
尊氏
義実
細川
義季
仁木
実国
俊氏
公頼
頼貞
和氏
頼春
師氏
顕氏
定禅
皇海
清氏
（幕府執事）
頼之
（管領）
頼有
頼元
詮春
満之
氏春
頼元
（同）
頼長
（六代略）
藤孝
（幽斎）
忠興
基之
頼重
義之
満久
持常
成之
政之
義春
澄元
満元
（同）
持元
持之
（同）
持賢
勝元
（同）
政元
（同）
澄之
澄元
高国
（同）
晴元
氏綱
（同）
信良
（昭元）

で兼任するという大勢力にたちまちのし上ったのである。尊氏が征夷大将軍となって間もない暦応年間（一三三八―四二）ごろにおける細川一族の分国を調べてみると、和氏はこのころ隠退しているが、顕氏は讃岐・河内・和泉、皇海は土佐、頼春は阿波・備後、師氏は淡路の守護で、合計七ケ国を一族で併有している。ほかの大名では仁木氏の五ケ国守護、佐々木氏の四ケ国守護が大きい方だから、諸大名のうちで細川氏が南北朝時代の初めからいかに有力だったかがわかる。なかでも顕氏は高師直《こうのもろなお》とともに幕府軍を率いて南朝方の北畠顕家を討ち仆《たお》したり、侍所の頭人（長官）になったりして活躍した。

ところがそのころ、尊氏の執事高師直が尊氏の信任を楯に勢力を強めつつあった。折も折、顕氏は貞和三年（一三四七）九月と十一月に、河内と和泉で楠木正行《くすのきまさつら》に破られ、京都に逃げ帰るという失態を演じた。そのため、侍所頭人を罷免されたばかりか、河内・和泉両国の守護も師直の弟師泰《もろやす》に交替させられ、顕氏は結局師直と対立している足利直義《ただよし》（尊氏の弟）と結んで、師直打倒を計るようになった。それゆえ、師直と直義の争いに端を発して尊氏と直義との対立となり、観応元年（一三五〇）、諸大名が二分して戦う有様になった観応《かんのう》の擾乱《じょうらん》が勃発すると、当然細川一族もこれにまきこまれ、顕氏は直義方に付き、頼春や清氏（和氏の嫡子）は尊氏方に付いて一族は分裂した。しかし翌年二月、尊氏・直義兄弟が和解し、師直・師泰兄弟が直義方の上杉能憲《よしのり》に襲撃されて殺されると、顕氏はさっそく尊氏方に帰参して、尊氏の嫡子義詮《よしあきら》に仕え、七月に直義が再び尊氏と仲違いして越前に逃げ去ったとき、顕氏は直義を見捨て、義詮から京都の治安をゆだねられた。翌正平七年（文和元年、一三五二）二月、直義は尊氏のために鎌倉で殺されたが、顕氏は右の寝返りによってうまく滅亡をまぬがれ、同時に一族の分裂も収まって、細川氏はかなり勢力を盛り返すことができた。

ただし、そのころ侍所頭人になった頼春は、同年閏二月南朝方の京都占領を防いで討死を遂げた。一方、顕氏は同年五月幕府軍の主将として山城八幡《やわた》の南朝の行宮《あんぐう》を攻め陥したが、まもなく七月に病死した。そこで細川一族の主導権は故和氏の嫡子清氏に移った。

管領細川頼之

清氏はあるいは長門に、あるいは伊勢に転戦して軍功を挙げ、延文三年（一三五八）尊氏が亡くなって義詮が二代将軍になると、まもなく将軍家の執事に任じられた。清氏が執事に就任したことを記した近衛道嗣の日記に「武家管領」とも記されており、清氏は幕府の初代管領《かんれい》と言えないこともない。また清氏はこの前後にかけて、若狭と和泉の守護をも兼ねた。彼は南朝方を圧迫するために力を注ぎ、みずから出陣して楠木正儀《まさのり》（正成の子、正行の弟）の根拠地赤坂城を攻め陥すなどの戦果を収めたが、その急速な権勢上昇を、尊氏以来の宿老佐々木導誉《どうよ》以下の諸大名にねたまれ、康安元年（一三六一）讒言を受けて京都を出奔し、翌年讃岐の白峰《しらみね》山麓で従兄弟の頼之と戦って敗死してしまった。

そこで今度は頼春の嫡子である頼之が細川一族の中心人物になった。頼之は戦死した父頼春のあとを継いで阿波の守護となり、ついで幕府から南朝方に属した直義の養子足利直冬や山名時氏の討伐を命じられて中国地方で活躍していたが、さらに清氏討滅の功によって声望を高め、讃岐・土佐の守護を兼ねた。そして貞治六年（一三六七）九月、将軍義詮《よしあきら》に招かれて上洛した。まもなく重病にかかった義詮はまだ十歳の少年である嫡子春王（義満）とともに頼之を臨終の枕辺に呼んで、頼之に向かい「我いま汝に一子を与えん」と言って春王を指さし、次に春王に向かい「汝のために一父を与えん、その教に違《たが》うこと勿れ」と言って頼之を指さしたという。時に頼之三十九歳。義詮は将軍としての立場から頼之のそれまでの軍事的力量を高く買ったのであろうし、また頼之の妻は春王の乳母だったから、自分の亡き後、春王の父代りになるべき人物として頼之を選んだのももっともなことであった。

こうして義詮の遺嘱を受けた頼之は、幕府の管領となって若年の三代将軍義満を輔佐し、前後十二年あまりも幕政を指導し、それまでは未知数だった頼之の政治家としての才能もこの間に充分発揮された。たとえば倹約令を発布して人心を引き締め冗費を節約するかたわら、諸国に段銭《たんせん》を課し、金融業者・醸造業者から土倉役《どそうやく》・酒屋役《さかややく》を徴収して幕府財政を豊かにしたこと、半済《はんぜい》の制度を恒久化するかたわら公家領・寺社領を部分的に保障したこと、幕府の保護になれて幅をきかしはじめた五山の禅僧には統制法規を出してその勢力を抑えたことなどは、いずれも時宜を得た政策であった。

また軍事上でも頼之はなかなか巧妙な策略を用いている。まず南朝方に和平交渉をもちかけて、相手の講和派の巨頭楠木正儀を足利方に誘い込み、これが成功すると南朝方に戦いを仕掛け、今川了俊を九州探題に起用して、南朝方の優勢であった北九州を制圧させ、次には畿内で、河内の天野まで進出していた南朝の行宮を、従弟細川氏春を大将とし、楠木正儀を加えた軍勢で攻撃して吉野に追い落した。このように頼之はいろいろの政略・軍略を通じて、つねに幕府の権力を強め、将軍家の権威を高めることに力をつくした。

「花の御所」と呼ばれる京都室町の義満の新第も、頼之の輔佐で永和四年（一三七八）に落成した。しかし、好事魔多しの譬《たとえ》のように、将軍義満の権威を背景とした管領頼之の政権が長期にわたるにつれて、幕府諸大名の間に頼之排斥の動きが激しくなった。結局、政敵斯波義将《しばよしゆき》らの策動で、反細川派の諸大名は翌康暦元年（一三七九）閏四月、花の御所を取り囲んで頼之追放を義満に強請した。頼之は等持院に入って髪を落し入道常久《じょうきゅう》と号し、養子である実弟頼元以下の一族・被官を引き連れて京都をあとにし、四国に引き揚げざるをえなかった。

けれどもこの難局においても細川一族・被官の結束は固く、彼らは頼之とともに幕府側の包囲陣の先手を打って、讃岐から伊予に攻め込み、幕府から頼之誅罰の御教書を受けた伊予守護河野通直をたちまち討ち取ってしまった。そのため幕府も妥協策を講じざるを得ず、伊予を河野方に返すことを条件として頼之追討を取りやめた。

そこで頼之の養子頼元は翌年五月上洛して義満に謁見し、斯波義将らとも和解して幕府に出仕した。だが頼之自身はなお国許にとどまって、その後も十年間にわたり直接、分国讃岐・阿波・土佐の支配に専念した。それは時の管領斯波義将との摩擦を避けながら、分国の地固めを推し進めるという頼之の慎重な考えによるものと思われる。

康応元年（一三八九）、時に三十二歳の壮年将軍義満は、西国の諸大名の威圧と九州の南朝方に対する示威を兼ねて、厳島参詣と称し、諸大名を引具《ひきぐ》して大規模な西海巡遊に出かけた。このとき六十一歳の老将になっていた頼之は、義満の御座船以下百余艘の船舶を提供し、全面的な奉仕を行なった。今川了俊の著といわれる『鹿苑院殿《ろくおんいんでん》厳島詣記』には、義満一行の讃岐宇多津《うたづ》着岸の光景を記し、「かの入道（頼之入道常久）こころをつくしつつ、手のまひ足のふみ所をしらずまどいありくさま、げにもことはりとみゆ」と頼之の奔走ぶりを述べている。厳島からの帰途、再び宇多津に立ち寄った義満は、特に頼之一人を側に呼んで言葉をかわした。「武蔵入道めされて、はるかに御物がたり有けるとかや。何事にか有けむ、なみだををさへて、まかでけるときこゆ」と、右の『厳島詣記』は老将頼之の感激の場面を描写している。

政敵斯波義将の繁栄を他所に見て、十年あまりの四国隠退生活を送った頼之にも、こうして再び老い木に花を咲かせる時節が到来した。翌明徳元年（一三九〇）、頼之は義満に命じられて、後に述べる山名時熙《ときひろ》の叛乱を鎮定するため、四国の軍勢を率いて山名の分国備後に押し渡り、たちまち備後一国を平定した。このように実力を見せた頼之は、その翌年義満に召されて久しぶりに晴れて上洛し、養子頼元が義将に代って管領に任ぜられ、自分はその背後にあって義満の政治の相談あいてになった。

その年の末に起こった山名氏清・満幸《みつゆき》らの叛乱（明徳の乱）に当たり、頼之は一族を率いて幕府に馳せつけ、諸大名とともに義満を擁して内野《うちの》（大内裏跡の荒野）に出陣し、山名方を迎え撃って軍忠をつくした。

細川一族の団結

このように頼之は、義満将軍が室町幕府の黄金時代を築くのを大いに輔《たす》けたのであるが、同時に義満の信任を背景として、細川氏の勢力を張ることをも怠らなかった。養子頼元が侍所頭人、のち管領になり、細川業氏《なりうじ》が引付頭人の一人となったのを始め、子弟は機会あるごとに頼之の推挙によって登用されたし、さきに顕氏の勢力動揺や清氏の没落で一時三、四ケ国に減少した分国も、頼之の時代には八ケ国に増加し、南北朝初期をしのぐ有様になった。頼之は明徳の乱鎮定後まもなく、明徳三年（一三九二）三月享年六十四歳で病没したが、その遺領はことごとく子弟に分譲され、分国も大部分その子孫に世襲されることとなった。

それ以来頼元の家柄は代々右京大夫《うきようのだいぶ》の官途に上り、その家は京兆家《けいちようけ》と呼ばれて細川氏の宗家となり（京兆尹《けいちよういん》とは左右京職《きようしき》の大夫の唐名）、いわゆる三管領《さんかんれい》に列して幕府の重鎮となるとともに、讃岐・土佐・摂津・丹波の四ケ国守護を世襲することとなった。一方頼之の弟頼有・詮春《あきはる》・満之・従弟氏春、それに満之の子満久に始まる各分家が、宗家を輔佐しながらそれぞれ和泉上半国・阿波（のち三河が加わる）・備中・淡路・和泉下半国の守護を世襲するに至り、ここに大守護大名細川氏の体制はすっかり固まったのである。また幕府の奉行人であった安富《やすとみ》、阿波出身で同じく奉行人の一族である飯尾《いのお》、讃岐の国人香西《こうざい》・寒川《さんがわ》・十河《そごう》等や、丹波の国人内藤、備中の国人荘《しょう》、さらには東国出身の奈良・薬師寺・香川などの諸氏が、細川家の内衆《うちしゅう》（御内《みうち》、近臣）として用いられ、京都で管領細川家の政務を執行する年寄衆や、分国に駐屯して守護の任務を代行する守護代などに任じられて活動した。

以上のような広大な分国を足場とし、一族被官の協力を支柱として、この後の京兆家歴代は、斯波・畠山両氏の歴代とともに、よく将軍家を輔佐して幕政指導の任をつくした。頼元の嫡子満元は応永十九年（一四一二）管領となり、在職九年間にわたって四代将軍義持の下で治績を挙げ、管領辞任後も常に義持の相談あいてとなった。義持が上杉禅秀の乱をはじめ、幕府と鎌倉府との間に暗雲を投げかけた種々の問題について適切な処置を取って、紛争の激化を防ぐことができたのは、満元の助言によるところが非常に大きかった。そのため応永三十三年（一四二六）十月、満元が没したとき、公卿中山定親は「当時彼輩（満元）は執政の器なり。もっとも古昔の大臣に異なるべからざるか」と言ってその徳望を惜しんだほどであった（薩戒記）。

満元の嫡子持元はやはり父祖の名を恥かしめない人物で、義持の政治に参画して重んじられたが、管領になる機会のないうちに永享元年（一四二九）七月に没した。当時黒衣の宰相といわれて義持の下での隠然たる実力者であった三宝院門跡満済《まんさい》准后は「天下の重人なり。旁《かたがた》周章驚嘆、只愁涙千万行許《ばかり》なり」といって持元の死を悼んでいる。

持元の弟持之《もちゆき》がその後の京兆家を嗣ぎ、永享四年（一四三二）から管領に任じられて六代将軍義教を輔《たす》けた。なお持之の弟持賢《もちかた》は分家して官途は右馬頭《うまのかみ》になり、よく兄に協力した。この分家は分国は持たなかったが、代々典厩家《てんきゆうけ》（右馬頭の唐名を右典厩令という）と称せられ、京兆家に次ぐ細川一族中の名家となった。

六代将軍義教は片意地な性格の持主で、父義満のような専制力を発揮しようとして、しきりに苛酷な刑罰を設けたり、諸大名の討伐を行なったりしたが、管領持之はその都度できる限り義教を諫めていた。そのうちに永享十年（一四三八）鎌倉公方持氏の叛乱（永享の乱）が起こると、義教はみずから討伐に出発しようとしたが、管領持之は山名持豊《もちとよ》（宗全）・赤松満祐《みつすけ》らとともに堅く諫めて、斯波持種・上杉持房らに討伐を一任させることとした。嘉吉元年（一四四一）六月、赤松満祐が義教を自邸に招いて謀殺したときには、持之もその席に列していたが、危く逃れ、ただちに諸大名を召集して義教の嫡子千也茶丸（義勝）に将軍家を嗣がせ、赤松討伐の軍を発向させた。

翌嘉吉二年（一四四二）六月、それまで満十年管領であった持之は病のためその職を畠山持国に譲り、まもなくその八月四日に享年四十三歳で没し、ここに十三歳の嫡子勝元が細川宗家を嗣いだのである。

以上のように細川家の発展は初めから割合に順調であり、ことに頼之の登場によって、もはや大大名の体制をきずき上げていた。これにくらべると、一方の山名家の歴史はもっと波瀾に富んでいた。

山名氏の台頭と内紛

山名氏の祖先は新田氏の分れであり、平安時代の末に上野新田荘を開発して領有した新田義重の子義範に始まる。新田義重は足利義康の兄と伝えるから、義範は細川氏の祖義清と従兄弟同士にあたるわけである。義範は上野国緑野郡の山名郷（高崎市内）を領有して山名三郎と号し、源頼朝に属して平家を追討し、頼朝の推薦で伊豆守に任じられた。

義範から七代目の山名政氏とその子時氏の時に元弘の乱が起こった。時氏の生母である政氏の妻は上杉重房の女《むすめ》で、足利尊氏の母の叔母だったので、こうした姻戚関係から、この乱にあたり政氏父子は本家の新田氏に従わず足利氏に属して軍功を励んだ。そのため建武二年（一三三五）十二月、新田義貞が尊氏追討の官軍を率いて東下した時、政氏・時氏父子は尊氏勢に加わって官軍を迎え撃って手柄をたてた。政氏は新田氏と合戦するのには紋所が新田氏と同じでは具合が悪いというので、旗印も幕の紋も新田家の中黒と足利家の二引両《ふたつひきりよう》を合せて、三引両《みつひきりよう》を家紋と定めたという。

こうして山名氏は本家の新田氏にとっては敵となり、反対に足利氏からは一門の大名として扱われることとなった。政氏はやがて没したが、嫡子時氏は尊氏の部将として軍功を重ねて丹波守護となり、侍所頭人に任じられ、貞和元年（一三四五）八月、尊氏・直義《ただよし》兄弟が天龍寺供養に臨んだ時、先駈を

山名氏系図

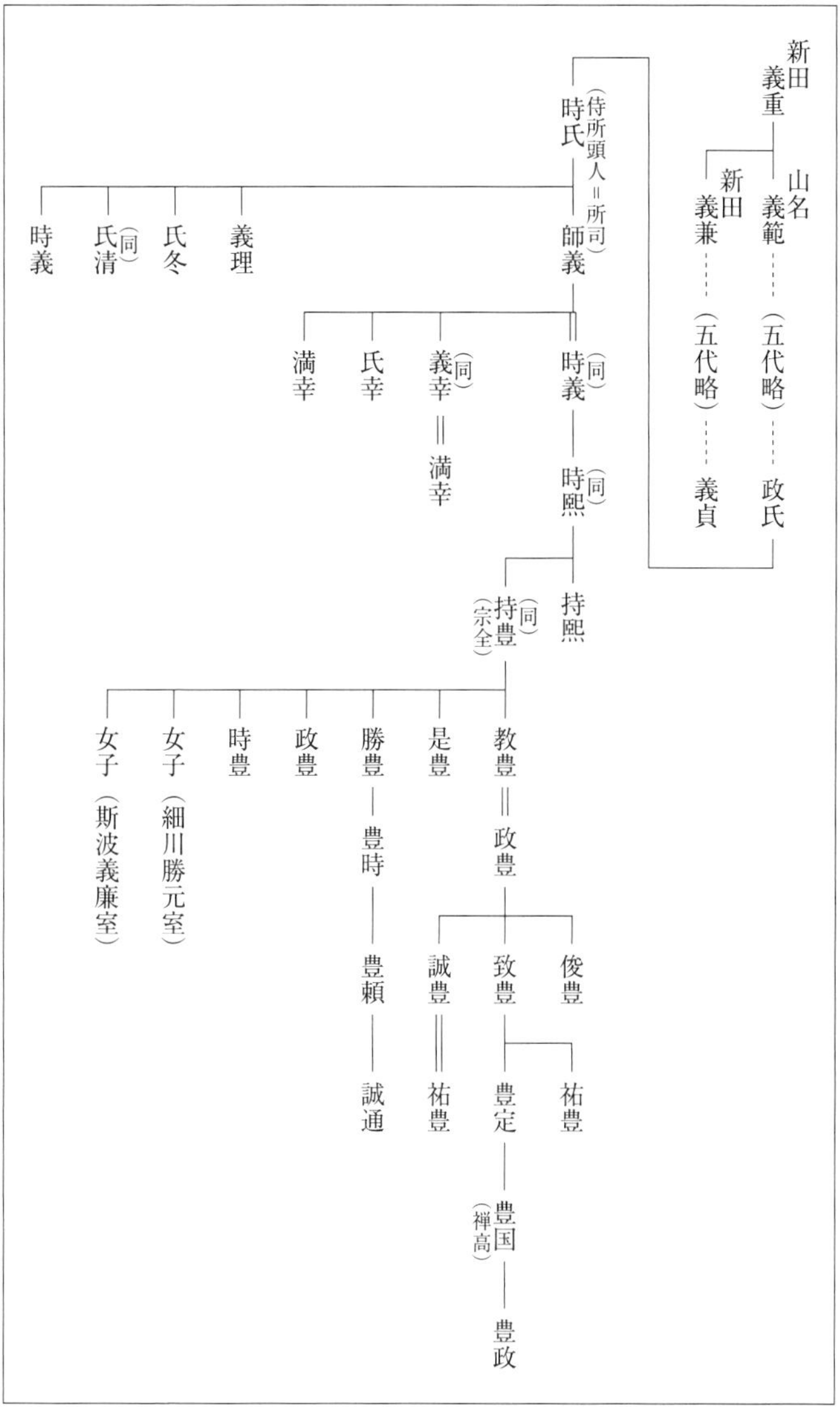

新田義重
山名義範
（五代略）
政氏
新田義兼
（五代略）
義貞
時氏（侍所頭人＝所司）
師義
義理
氏冬
氏清（同）
時義
時義（同）
時熙（同）
義幸（同）
満幸
氏幸
満幸
持熙
持豊（同）（宗全）
教豊
政豊
是豊
勝豊
豊時
豊頼
誠通
政豊
時豊
女子（細川勝元室）
女子（斯波義廉室）
俊豊
致豊
誠豊
祐豊
豊定
祐豊
豊国（禅高）
豊政

勤めた。貞和三年（一三四七）十一月、時氏は嫡子師義《もろよし》以下を率い、細川顕氏を援けて天王寺・堺で楠木正行《まさつら》と戦い、父子ともに傷を受け、時氏の弟三人が討死するという激戦の末敗退した。だが時氏はやがて若狭守護となったので、顕氏のように師直と対立することもなく、観応擾乱《じょうらん》の際は、観応二年（一三五一）正月、尊氏軍の先鋒として京都を占領した。しかしその直後に直義方が京都に突入すると、時氏は小笠原政長・佐々木氏頼らと相前後して直義方に寝返り、高師直を攻めた。

時氏は尊氏・直義和解とともに再び尊氏方になり、出雲守護に任じられたが、翌文和元年（一三五二）以来、所領の問題で尊氏・義詮父子を恨み、嫡子師義以下の子弟とともに分国出雲で尊氏に叛旗をひるがえし、南朝に帰順した。それより山陰を制圧し、足利直冬党の石塔頼房らと連携して文和二年六月、同四年正月と二度も京都に突入して尊氏方を悩ました。その揚句《あげく》貞治二年（一三六三）九月、それまでに討ちしたがえた国々を安堵《あんど》されるという条件で義詮将軍に帰参して因幡《いなば》・伯耆《ほうき》・丹波・丹後・美作《みまさか》五ケ国の守護に任じられ、さらに引付頭人に列して幕府におもきをなした。つまり十二年にわたる叛乱によって、自分を大層高く幕府に売りつけ、いちじるしく勢力を強めることに成功したのである。

時氏は応安四年（一三七一）七十三歳で病没したが、彼には十数人の子息があり、長男師義は家督をついで丹後・但馬《たじま》・伯耆の守護となり、その子義幸はやがて丹後と出雲の守護を兼ねた。次男義理《よしまさ》は紀伊の守護となり、三男氏冬は因幡の守護を譲り受けた。四男氏清は丹波の守護を譲られたほか、侍所の頭人（長官）となり、山城・和泉の守護を兼ねた。五男時義は兄師義に養われ、師義が永和二年（一三七六）に没したので家督をつぎ、師義から譲られた但馬・伯耆のほか、隠岐・美作・備後の守護を兼ね、再三侍所頭人となるにいたった。こうして南北朝時代の終り近くには、一族の分国が山陰を中心として山陽・畿内にまたがる十一ケ国に上り、これは日本六十余州の六分の一だというので、世に山名一族を「六分一家衆」というまでになった。

ところが、この強大な山名氏に内紛が兆《きざ》した。師義には義幸・氏幸・満幸らの子息があって、義幸が早世したので末子満幸がその跡を継いだが、満幸は成人するにつれて、「自分こそ山名家の嫡統なのに叔父時義が惣領として権力を振るうのははなはだ面白くない」と内心大いに不平を燃やし、出雲大社に願文を納めて所願成就を祈った。時義の兄氏清もやはり弟の下風に立つことを嫌って、女《むすめ》を甥の満幸の妻として婿舅《むこしゅうと》の関係になり、時義打倒の機会を窺った。一方将軍義満も山名一族があまりに強大になったので警戒しはじめ、ことに時義が傲慢で義満の命令を軽んじるというので、その力を殺《そ》ごうと考えた。

たまたま時義は康応元年（一三八九）に没し、二十三歳という若年の嫡子時熙《ときひろ》が山名の宗家を嗣いだので、氏清は好機到来とばかり、時熙とその従兄弟氏幸《うじゆき》〔氏之〕（一説に氏幸を時熙の弟とするが、『尊卑分脈』にしたがって師義の子とする方がよさそうである）との二人に叛意があると義満に讒言した。そこで義満は早速山名一族の内紛を利用して時熙・氏幸を除こうとし、明徳元年（一三九〇）三月、氏清・満幸に時熙・氏幸追討を命じた。氏清が但馬に、満幸が伯耆に進んで攻撃を開始すると、時熙らは分国の一つである備後に逃れた。義満が老将細川頼之を起用して讃岐から備後に攻め込ませたのはこの時のことである。

時熙・氏幸は行方をくらまし、翌二年（一三九一）春、氏清・満幸は時熙の分国を平定して凱旋した。氏清・満幸はこの功により、時熙・氏幸の分国をあわせて強大となったので、義満は満幸が仙洞《せんとう》（上皇）御領の出雲横田荘を押領したのを理由に、満幸に対し丹後に蟄居せよと命じ、他方、上洛して赦免を願い出た時熙・氏幸を願いの通り赦すこととした。その頃、分国和泉にいた氏清は義満を宇治の紅葉狩りに招待していた。だが満幸がひそかに和泉に赴いて氏清に挙兵を勧めたので、宇治に到着した義満を氏清は病気と称して出迎えず、ひそかに紀州に出かけて兄の義理を説得し、一緒に立ち上ることを承諾させた。氏清はさらに南朝に帰順し、満幸とともに一斉に行動を起こす手筈を調え、十二月中旬それぞれの分国で挙兵した。

明徳の乱

十二月十九日、彼等の叛乱開始の報が幕府に届いた。二十五日、義満は細川頼之・同頼元・斯波義重・畠山基国以下、今川・京極・一色・大内らの諸大名を幕府に召集して軍評定《いくさひょうじょう》を行ない、内野《うちの》に布陣して山名方を迎え撃つ方針を決めた。そして大晦日《おおみそか》の未明から氏清・満幸勢は京都盆地に突入し、内野《うちの》で幕府軍と終日大激戦を交えた末、衆寡敵せず、氏清は戦死し、満幸は出雲をめざして敗走した。のちに満幸は九州まで落ちのびた末、応永二年（一三九五）京都で処刑された。また義理は大内義弘に追撃され、紀伊の興国寺で子弟一族とともに頭をまるめ、散りぢりになって没落した。これが明徳の乱の顚末である。

一族の内輪もめに乗じ、山名氏を巧みに叛乱に追い込んで打ち倒した義満は、明徳三年（一三九二）正月四日、さっそく氏清・満幸・義理らの分国を軍功の賞として諸大名に分け与えた。畠山基国は山城、細川頼元は丹波、一色満範は丹後、赤松義範は美作、大内義弘は和泉・紀伊両国、そして佐々木（京極）高詮は隠岐・出雲両国を拝領し、「六分一家衆」と謳われた山名一族の広大な分国は完全に分解したのである。しかし山名家がこれで全面的に没落したわけではない。というのは、時熙と氏幸は、今度は幕府軍側にあって、去年の仇討とばかり勇戦したからである。『但馬村岡山名家譜』によれば、彼らは氏清らの叛報を聞くと、すぐに二百余騎を率いて義満の本陣の側に控え、義満から特に言葉をかけられた上、足利家相伝の篠作《しのづく》りの太刀を与えられて励まされ、時熙は敵方の同族と識別するために篠《しの》の葉を旗の蟬本《せみもと》（旗竿の上部）に付けて大晦日の戦いに大いに奮戦したという。『明徳記』にも、時熙が氏清勢の真中に懸入って戦い、すわ討死という時に、被官垣屋弾正・滑良《なめら》兵庫の二人が主君を救って討死し、時熙は危く虎口をのがれた有様を活写している。そこで義満は右の山名家分国の分配に当たり、時熙には但馬、氏幸には伯耆を与えて戦功に報いたのであった。また氏清・満幸らに同意せず、やはり幕府軍側に加わった氏冬（義理《よしまさ》の弟、氏清の兄）も、もとどおり因幡を安堵された。このように十一ケ国中三ケ国だけは山名家に残されたが、何といってもその勢力は昔日の比でなく、その凋落《ちょうらく》は誰の目にも明らかであった。

ただし時熙はけっして凡庸でなく、この劣勢の中から少しでも家運を挽回するように努力した。応永六年（一三九九）十一月、大内義弘の叛乱（応永の乱）に応じて氏清の遺子宮田時清・氏明兄弟らが丹波で叛くと、時熙は義満の命令を受けて、六千八百余騎を率いて討伐に向かった。そして国人久下《くげ》・荻野・長沢らの協力を得て、丹波に入ってからわずか十日余りで十八日に時清兄弟を討ち亡ぼし、残党を鎮圧して帰京したので、その功により、さきに明徳元年（一三九〇）以来細川氏に与えられていた備後の守護職を返付された。やがて応永二十一年（一四一四）には侍所所司（頭人）になった。このころから侍所所司が山名・一色・京極・赤松の四家に固定し、四職《しき》の家柄と呼ばれるようになる。応永三十年（一四二三）将軍義持が嫡子義量《よしかず》に将軍職を譲って入道し、道詮と号したとき、時熙は管領畠山満家らとともに入道して、常熙《じようき》と号した。しかしその後も幕政に参加し、特に六代将軍義教に重んじられ、分国もその頃までに上に記した但馬・備後のほかに石見・安芸・伊賀を加賜されて五ケ国の守護を兼ね、一族が守護である伯耆・但馬を加えると山名家の分国は計七ケ国に達した。こうして時熙は晩年までに山名氏の勢をかなりの程度に挽回できたのである。彼は永享五年（一四三三）八月、嗣子持豊に家督を譲り、同七年（一四三五）七月、六十九歳で病没した。この持豊がのちの入道宗全である。

山名・細川両氏の家風

以上の細川と山名の両氏をくらべてみると、同じく足利一門の守護大名といいながら、その発展の性格にはかなりの違いのあることがわかる。第一に細川氏は元弘建武以来の功で早くから四国を中心とした広大な分国を獲得し、ことに頼之に至っては、いったんは政敵から排斥されたというものの、結局幕府に押しも押されもしない地歩をきずき上げ、分国の支配体制もがっちりと固めてしまった。ところが山名氏の方は、時氏が観応擾乱後の幕府の弱みにつけ込んで、叛乱で切り取った山陰地方を無理やり幕府に認めさせたという感じが強く、地位も基盤も細川氏の堅実さには到底及ばなかった。いうなれば細川氏が確実な布石をしいた上で、徐々に大模様を張る作戦を採ったのに対して、山名氏は中盤戦の打込みで一挙に勢力を占めたようなものである。

また将軍家の権威確立を旗印にした細川氏と、その権威の一時的動揺をうまく利用した山名氏とでは、義満からの信頼度にも大きな相違があったことは当然である。そして細川氏は頼之が弟達や従兄弟を常に起用し、一族が宗家を中心に結束する体制を作り上げたのに対し、山名氏は時氏・師義の地固めが不充分だったから南北朝の末まで一族の結合が不安定で、ついには家督をめぐる内輪もめに陥り、義満に乗じられる機会をみずから開いてしまったといえる。その後の室町中期の両氏を眺めても、細川氏は五家にもおよぶ庶流一族がそれぞれ守護大名となり、やがて典廐家も加わって、分家六家が三管領の家柄である宗家（京兆家）を盛り立てているのに、山名氏はわずかに時熙の従兄弟氏幸と伯父氏冬とに始まる二家の守護大名が四職の家柄である宗家を支えているに過ぎず、両者は幕府の中に占める一族の比重という点でも大分開きがあったといわなければならない。したがって被官も細川氏の場合は前に述べたように各分国の出身者のほか、幕府の奉行人や東国武士の子孫などが登用されて、内衆《うちしゅう》（近臣）の構成も多彩であるのに、山名氏の内衆は但馬出身の垣屋・大田垣・田結庄《たゆうしょう》・八木・滑《なめ》良《ら》などわずか数氏に限られている。もちろん山名氏も伯耆の南条・小鴨《おかも》、備後の和智《わち》等の国人多数を被官としているものの、彼らは山名家の手足となって活動する御内の家臣ではなかった。

ここで両氏の家風を見ると、細川家の人々には、早く南北朝初期からある程度の教養を身につけ、かなり洗練された行動を採っているのに対し、山名家の人々はどちらかと言えば粗野で、直截《ちょくせつ》な行動に出がちであったようである。細川氏では、和氏が早くも暦応二年（一三三九）阿波に補陀寺《ふだじ》を建て、夢窓疎石を招じて開山としている。また和氏・頼春さらに頼之・頼元なども和歌の嗜《たしな》みがあり、『新後拾遺和歌集』などの勅撰集に彼らの和歌が収録されているし、すでに康永三年（一三四四）、直義が奥書を記して高野山金剛三昧院に納めた仏名和歌の「二十余輩之歌人」の中にも、和氏の和歌が五首、頼春・顕氏の和歌が各三首収められている。なお頼之は康暦元年（一三七九）管領の職を追われて入道し四国に引き揚げる時、「人生五十愧レ無レ功《こうなきをはづ》、花木春過夏已中《かぼくはるすぎてなつすでになかば》、満室蒼蠅掃難レ尽《まんしつのそうじようはらえどもつくしがたし》、去《さりて》尋㆓禅榻㆒《ぜんとうをたずね》臥㆓清風㆒《せいふうにがせん》」という詩を賦して心事を述懐したというから、漢学の素養も積んでいたことがうかがわれる。

満元も徳行をもって謳われただけでなく、歌人としても斯波義重らとともに当代の武士中指折りの名を取った。『蔭凉軒日録』によると、満元の家臣に讃岐出身の麻也某《なにがし》というものがあり、この男はあるとき満元から所領没収の刑に処せられたが、少しも満元を恨まず、杉菜《すぎな》を採って飢を凌いでいた。朋輩がそれを笑うと、麻也は「侘《わび》びとは春こそ秋よなかなかに世をばすぎなのあるにまかせて」と詠んだ。このことを聞いた満元は麻也の心根に感じて、すぐさま旧領を還付したので、世人は「もっとも風流のことだ」と評判したという。

ところが山名時氏の如きは、こうした細川氏歴代のような教養や風流とは全く無縁の男だった。今川了俊は応永九年（一四〇二）に著した『難太平記』に次のように書いている。

昔山名修理大夫時氏といふ《(ひカ)》しは明徳《後小松》に内野のいくさにうたれし陸奥《清氏(氏清)》守が父なり。それが常に申《もうし》は、「我《わが》子孫はうたがひなく朝敵に成《なり》ぬべし。其謂《そのいわれ》は、我《われ》建武以来は当御代の御かげにて人となりぬれば、元弘以往はただ民百性《(姓)》のごとくにて上野《こうづけ》の山名といふ所より出侍《いではべり》しかば、渡世のかなしさも身の程も知《しり》にき。又は軍《いくさ》の難儀をも思ひしりにき。されば此御代の御影の忝《かたじけなき》事をもしり、世のたたずまひも且《かつ》は弁《わきまえ》たるだに、今はややもすれば上をもおろそかにおもひたり。人をもいやしく思ふにて知《しり》ぬ。子どもが世と成《なり》ては君の御恩をも親の恩をもしらず、をのれをのみかがやかして過分にのみ成行《なりゆく》べき程に、雅意にまかせたる故に御不審をかふむるべきなり」と子息どもの聞処《きく》にて申《もうし》き。如《あんのごとく》レ案御敵に成《なり》しかば、昔人はかやうの大すがたをばよく心得けるにや。実《げに》此人一文字不通なりしかども、よく申《もうし》けるにこそ。

了俊はこのように時氏の言に感心しているのだが、それは時氏が全く目に一丁字もないのに、よく体験に照して道理を心得、子孫の動向も予見できたものだという感心の仕方である。これによれば時氏が全く学問や教養のない文盲の徒だったというのであるが、この時氏自身が実はさきに見たように実力主義者であり、永年の叛乱でのし上った権勢家なのだから、子孫の氏清・満幸などばかりを責めるわけにはいかない。東海道筋の繁華な三河矢作宿《やはぎしゆく》に近い細川郷で成長した細川一族と、北関東の僻村山名郷に育った山名時氏とでは気風にも教養にもおのずと違いがあって、同じく風雲に乗じて幕府の重鎮となったといっても、両者の行き方に相違のおこる一因となったと思われる。山名氏も時義は但馬に円通寺を建立し、時熙は周囲に大明寺を建立した。時熙はまた剃髪ののち所々の禅林で参禅し、かたわら好んで和歌を詠じ、漢詩を賦したといわれ、事実幕府の月次《つきなみ》連歌会に諸将とともに参加したり、『新続古今和歌集』の撰に入ったりしている。しかし、義満の北山文化以後の応永・永享年間ともなれば、諸大名がこの程度の趣味・教養を持つことは当たり前となっていたので、時熙を特に教養人とか風流人とか言うことはできまい。かように山名家は細川家と比べると、文化的な洗練度にも大分開きがあることを免れない。

以上のような両家の基盤や家風の相違は、宗全と勝元の行動にも何らかの形で反映しているのではなかろうか。そうしたことどもを念頭に置きながら、この二人の権勢家の生涯を観察してみよう。

山名持豊（宗全）の前半生

持熙と持豊

細川勝元は永享二年（一四三〇）の生まれであるが、山名持豊（のちの入道宗全）は応永十一年（一四〇四）生まれで、勝元よりも二十六歳年長であり、この二人は丁度親子ほど年齢が隔たっているから、持豊の活動の方から見てゆくのが順序であろう。

持豊は『但馬村岡山名家譜』によれば、山名時熙の三男（『山名系図』によれば六男）で母は時熙の伯父師義の女《むすめ》であった。持豊は応永十一年五月二十九日に誕生し、幼名を小次郎といった。十歳になった応永二十年（一四一三）正月、将軍義持の御前で元服し、将軍の一字を賜わって持豊と名乗った。応永二十九年（一四二二）持豊十九歳のとき長子教豊が生まれているから、それまでに妻を娶《めと》り、一人前の大人になっていたことがわかる。

しかし持豊は時熙の嫡子（後継ぎ）ではなく、少なくとも兄が二人あり、そのうち長兄の修理大夫《しゆりのだいぶ》満時は早世したと伝えられるが、次兄の刑部少輔《ぎようぶのしよう》持熙《もちひろ》が健在で、この持熙が嫡子になっていた。持熙は父時熙の入道した翌年の応永三十一年（一四二四）正月十五日には、山名家を代表して幕府に出仕し、将軍義量に椀飯《おうばん》（饗宴）を献げている（花営三代記）。その上に、第一に父時熙が入道後もなお四ケ国守護として分国の政務を切り盛りしていただけでなく、幕府の宿老として義教から大いに尊敬され、幕府政治の相談あいてとなっていた。だから持豊にはまだ表立った活動の余地が与えられておらず、当時の記録にもまだほとんど名が現れてこないのである。したがって、『但馬村岡山名家譜』に応永三十年（一四二三）四月に時熙が職を辞し、持豊が将軍義持から司職《ししき》に列せられたとあるのは誤りに違いない。なお「司職」は一般に四職と書くが、この家譜は所司の職というつもりでこう書いたのだろう。正長元年（一四二八）、前将軍義持が亡くなり、その弟義教が六代将軍となっても、なおしばらく持豊の活動は見られない。

ところが兄持熙は、幕府への出仕を怠ったということで義教の機嫌を損ねた。永享三年（一四三一）五月、義教は政治顧問の満済准后を通じ、時熙に命じて「持熙の振舞ははなはだよろしくない。しかし山名入道は宿老だから、将軍が直接持熙を処罰しては入道に気の毒だ。したがって持熙を元のように出仕させようとも、または遠国に下し置くとも、その処置は山名入道の判断に任せよう」と言った。恐縮した時熙は、結局持熙を廃嫡し、持豊を家督にすることを決めたのである。こうして持豊は山名宗家の嫡子と決まったが、父時熙は依然として幕政に参画し、六月には、時熙は畠山満家らとともに満済准后を通じて、義教の政治方針があまりに峻厳なことを批判し、より寛大な政治を望むという意見書を提出している。翌永享四年（一四三二）九月、義教がその父義満の例にならって富士遊覧を行なうと称し、実は当時義教への敵対意識を燃やして将軍の地位をねらっていた鎌倉公方持氏を威圧するため駿河に赴いたとき、六十六歳の時熙も義教に随行して駿河まで往復しており、なかなか元気旺盛だった。これよりさき、周防・長門の守護大内氏に内訌が起こり、守護大内持世（応永の乱で滅びた義弘の嫡子）の弟持盛が兄持世と家督を争って永享四年二月挙兵すると、時熙は義教の命令を受けて、山名の分国安芸・石見から援軍を出動させて持世に協力した。そしてこれに力を得た持世が翌五年四月に弟持盛を攻め亡ぼすと、時熙はすぐさま持盛の代官であった大内（馬場）満世（持盛の甥）の京都の宿所に被官山口遠江守らを派して満世を殺した。またその七月二十三日には、次に述べる延暦寺衆徒《しゆと》（本来は学問僧の集団だが、しばしば武力を行使した）の嗷訴《ごうそ》に乗じて、近江の坂本に蜂起した土一揆《つちいっき》が京都に侵入したのを、時熙はやはり軍勢を派遣し、大原辻で討ち破って鎮圧した。このように時熙は老年ながら軍功をあげたが、それには持豊の協力があったものと思われる。そして、時熙は、土一揆を鎮圧した五日後には、自邸に将軍義教を招いて歓待している。

時熙はかように矍鑠《かくしやく》として活動していたが、既に六十七歳で、この時代としては余程の老齢なので、右のような軍功・勤功を潮時としていよいよ引退する気になり、同年八月九日に但馬・備後・安芸・伊賀の守護職と多くの所領を持豊に譲り渡すことを義教から承認された。三十歳という壮年の域に入っていた持豊は、ここに宗家の家督と分国を譲り受け、独り立ちの活動をすることとなったのである。なお分家の方は、そのころ持豊の弟熙高（時熙の養子か）が因幡守護、氏幸の孫教之が伯耆の守護、氏冬の孫熙貴《ひろたか》が石見の守護を継いでいる。

父から家督を譲られた永享五年、持豊には、早速軍事上の活動をする機会が到来した。それは延暦寺の衆徒の嗷訴《ごうそ》事件が持ち上っていたからである。北嶺の衆徒は南都興福寺の衆徒と並んで平安末期以来、その横暴ぶりが有名であるが、南北朝から室町中期にかけてもまだかなり勢力があり、寺領の問題とか僧侶の任免などをめぐってしばしば日吉の神輿を奉じて入洛し、朝廷や幕府を脅かしていた。この年の六月にも神輿を奉じた叡山の衆徒が山門の寺務の猷秀法印と幕臣赤松満政・飯尾為種が結託して私腹をこやしていると言いたて、十二ケ条の訴訟を要求して入洛を計った。幕府は諸国の軍勢を至急京都に召集して神輿の入洛を防がせるとともに、閏七月、衆徒の要求を裁許する旨を発令して、ようやく入洛を思い止まらせた。ところが山門（比叡山）の衆徒は、この嗷訴に園城寺《おんじょうじ》（三井寺）の衆徒を誘ったのに同調しなかったといって、同年十一月園城寺に襲撃をかけ始めた。山門と寺門（園城寺）は何百年来の犬猿の仲なので、山門衆徒は今回の勝利の余勢をかりて寺門を打倒しようとしたのである。山徒への譲歩を腹に据えかねていた専制将軍義教は、管領細川持之らの諫めをきかず、二十七日、持豊に命じて山徒を攻撃して寺門を救うように命じ、さらに諸大名に出動を命じた。

持豊は軍勢を督励して叡山を包囲攻撃して山徒を追いまくったので、彼らは降服を幕府に申し入れた。義教は衆徒の首謀者円明院兼宗を捕えて禁錮刑にし、十二月十五日持豊以下の幕軍は凱歌をあげて帰京した。大体衆徒の威力というのは、純粋の武力だけでなく、神罰仏罰を振りかざして相手を脅迫するところにあったのだから、義教のように信仰心が薄く、幕府の権威回復を自分の使命と信じ込んでいる専制将軍には、とうてい敵対できなかったわけである。そして義教の命令通りに叡山攻撃をやってのけて衆徒をたちまち降参させた持豊は、義教から大いにその勇猛を認められたのであった。翌年十月、山徒が再び日吉の神輿を動座させて蜂起したときも、持豊は六角・京極・畠山・細川・赤松らの軍勢とともに坂本を攻撃して山徒を追い散らした。

父時熙は、家督といっさいの公務を譲った持豊が、山名宗家の当主にふさわしい果敢な活動をするのを見て安心したせいか、翌々年の永享七年（一四三五）七月四日、六十九歳の生涯を閉じた。時熙の死を聞いた伏見宮貞成《さだふさ》親王は、その日記に「遺跡を兄弟相論し、籍《(錯)》乱すべきかと云々」と、持熙・持豊兄弟の相続争いが勃発しそうなのを危ぶんだ。

持豊は父の建立した但馬国黒川荘の大明寺にその遺骨を葬った。この大明寺は朝来《あさこ》郡の丹波境に近い山奥にあるが、翌永享八年（一四三六）八月に持豊はそれより北の出石《いずし》郡宮内の但馬一の宮出石神社に願文を掲げて決意をかためたことを、片岡秀樹氏が紹介されている（人物往来社歴史研究会「歴史研究」六二号）。この願文は、まず山名家が数国の守護職を兼ねて栄耀も忠功も抜群であるとしたのち「ここに持豊、末葉として父祖重代の蹤跡《しょうせき》を継ぎ、親族数輩の首頭に備わる。是れ則ち神明擁護の然らしむる所以なり。いよいよ崇め、ますます敬い奉らざるべからず」と述べており（神床文書《かんどこ》）、兄持熙の叛乱を予測したとみられる持豊の並々ならない覚悟があらわれている。この出石神社の傍らの此隅山《このすみ》には、持豊の祖父時義の築いたと伝えられる此隅城があり、このあたりに分国支配の中心となる守護所が置かれていたに違いない。

持豊の高野山領押領

永享九年（一四三七）七月、持豊は父時熙の三周忌の法要を京都で営んだが、果してその直後に兄持熙が備後で叛乱を起こした。持熙は心を寄せる与党を集めて備後に侵入し、持豊の守護代の駐屯していた国府城を襲撃した。持豊は分国の急を聞くと直ちに京都を進発して備後に攻め込み、持熙を攻めてたちまちこれを討ち取り、その首級を幕府に送り届けた。

兄持熙を亡ぼした持豊は、ここに山名一族被官を完全に統制下に入れ、分国内に対する勢力をますます伸ばしていった。その一つの現れは高野山領備後国大田荘の押領事件である。がんらいこの時代の守護大名は近世の大名と違ってその分国内を完全に領有していたのではない。分国の中には幕府から承認された守護の直轄領や守護の管理下に入っている国衙《こくが》領などが存在してはいるが、公家領や寺社領の荘園もまだまだ多く残っていたので、守護大名やその被官たちは、しだいにそれらの荘園に圧力を加えて支配の手をのばしていったが、特に有力な公家・寺社の所領には幕府から守護使不入とか段銭国役免除などの特典が与えられていたから、守護やその被官の国人としても、そう簡単にこれらの荘園を押領してしまうわけにはいかなかった。そこで案出されたのが、守護請《うけ》といって荘園の管理権を守護大名が請負い、現地には守護大名が代官を派遣して実質上の支配権を接収し、領家である公家や寺社にはあらかじめ契約した一定額の年貢を送り届けるという方法である。領家としては管理権を放棄するのはもとより好むところでないが、外部からの武力侵入や荘内の地頭荘官の押領などの際に、いくら幕府の保護命令を受けても、実際に荘園を守ってくれるのは守護大名以外にないのであるから、みすみす押領されるよりは一定の年貢だけでも確保できればという、半ばあきらめの気持から、守護請の申し出に応じるのが普通だった。

高野山領大田荘を守護請にしたのは山名時熙であり、契約を結んだのは応永九年（一四〇二）のことであった。この大田荘が年貢だけでも千八百石に上る大荘であるところに目をつけた時熙は、幕府を動かして時の管領畠山基国から次の施行状《しぎょうじょう》（実施命令）を発令して貰った。

高野領備後国太（大）田庄幷《なら》びに桑原地頭職・尾道倉敷以下の事、下地《したじ》に於いては知行を致し、年貢に至りては毎年千石寺納すべきの旨、山名右衛門佐入道常熙（時熙）に仰せられ畢《おわ》んぬ、早く存知すべきの由、仰せ下さるる所也、仍《よ》って執達件《くだん》の如し、

応永九年七月十九日　　沙弥（管領畠山基国）（花押）

当寺衆徒中（高野山金剛峯寺）

（高野山文書一・原和様漢文体）

時熙は将軍の権威をかさに着てこの分国内の荘園を守護請として実質上接収し、しかも本来千八百石の年貢を千石に値切り倒したのだった。だから少なくとも八百石の収益が時熙とその代官の手に入

る計算だったが、それればかりでなく、時熙はこの毎年千石という契約額さえもその通りに実行しようとしなかった。持豊が守護を継いでのちも、その状態はひどくこそなれ少しも改まらなかった。永享十二年（一四四〇）になって、とうとうたまりかねた領家高野山は守護山名持豊を相手どって訴訟を起こし、「この三十七年間に年貢米の未進（滞納）が積り積って二万八百余石に達したから、大田荘の守護請を取消して高野山側の直務《じきむ》（直接管理）に戻して貰いたい」と幕府に訴えた。平均して年額千石のうち五百六十余石が未進で、納入した方が僅かに四百四十石弱であり、昔の直務の時代から見れば高野山の収入は四分の一に激減してしまった勘定である。ところが高野山の訴えは少しも成功せず、持豊は大田荘を一向手放さなかったばかりか、かえって契約額自体を八百石に値切ってしまった。しかも例えば文安二年（一四四五）分の年貢が、翌々年の文安四年三月までにやっと五百八十三石納入されるという状態であり、長禄・寛正年間（一四五七―六五）になるとますますひどくなって、毎年二、三百石内外しか高野山に納めないのが恒例のようになった。しかも寛正四年（一四六三）のごときは、高野山に納めるため泉州堺まで運んだ大田荘の年貢米を堺で売った代金の中から、十五貫文余りを持豊が自分の必要経費だといって取上げている。このようにして持豊は父時熙以来の分国内荘園に対する管理権を強引に推し進め、ほとんど直轄領と同様の状態にして支配権力の基礎を固めていったのである。

持豊、侍所所司となる

持豊は分国の支配権を充実するかたわら、将軍義教の意を迎えて、幕府の内に父時熙に劣らぬ勢力を張るように努め、永享十年（一四三八）三月には義教を招待して自邸で猿楽を催し、翌年正月には正四位下右衛門佐に叙任された。また京都内外の治安維持のために活躍し、永享九年十二月には山名被官人である光台寺の僧が、船津西兵衛というものと組んで伏見不動堂の本尊を盗み出したので、その僧を捕えて寺を放逐した。翌十年八月には、細川持常・斯波義郷《よしさと》らとともに、越智・箸尾らの籠る大和多武峰《とうのみね》を攻めて陥れた。

こうして持豊は四職としての家柄にふさわしく、永享十二年（一四四〇）のころ赤松満祐《みつすけ》に代って侍所所司の職に任じられた。そしてその年九月には、洛中洛外の米屋が春日社の神人《じにん》とか朝廷の四府《しふ》駕輿丁《かよちよう》などという身分を言いたてて幕府の課役を納めようとしないのに対し、侍所所司としての職権によって督促を実施している。

持豊が侍所所司となったころの幕府には、色々と重大な事件が持ち上っており、なかでも大事件は永享十一年（一四三九）に起こった鎌倉公方持氏の叛乱すなわち永享の乱であった。しかし翌年二月持氏が鎌倉で殺されて事変が幕府側の完勝に終ると、関東平定に自信を強めた義教は一層酷薄な性情を募《つの》らせ、少しでも命令に従わない諸将は悉く除こうとし、諸大名の粛清を実行に移した。永享十二年三月には赤松満祐の弟義雅の所領を没収し、五月には大和の越智氏追討に出陣中の若狭守護一色義《よし》貫《つら》と伊勢守護土岐持頼を武田信栄・細川持常らに命じて殺させ、翌嘉吉《かきつ》元年（一四四一）正月には三管領の畠山持国を追放してその弟持永に畠山宗家を継がせ、さらに同年六月には加賀の守護富樫教家の所領を奪ってその弟泰高に与えるというすさまじさであった。

嘉吉の乱

ここに至って、かねがね義教から亡ぼされる危険性を感じていた四職の赤松満祐は深刻な恐怖に陥った。満祐はかつて応永の末年に将軍義持が本国播磨を没収して、寵愛する赤松持貞に与えたため叛乱を起こそうとしたことがあり、その時はたまたま持貞の罪状が露見して処刑されたので、満祐は危機を免れたということがあった。満祐は義教には大いに優遇され、細川・畠山・山名等とならんで宿老として重要政務にあずかり、侍所所司にも任じられた。しかし義教はやがて満祐の一族赤松貞村を寵愛し、永享九年（一四三七）二月に至り、満祐の分国のうち備前だけを残して播磨・美作を借り上げて幕府の直轄領にし、この両国を貞村に管理させようとした。しかし満祐が承知せず、騒動が勃発しそうになると、義教は計画をとりやめ、みずから満祐の邸に出向いて和睦したのであった。しかし義教の性格から判断すれば、この和睦は、鎌倉府との関係が差し迫っている矢先なので、止むなく満祐と妥協したのに過ぎなかったと思われ、関東平定後の諸大名排除の烈しさ、そしてとくに弟義雅の例から見て、満祐がいよいよ危険の切迫を感じたことは決して単なる杞憂ではなかった筈である。そこで満祐は嘉吉元年六月二十四日、周知のように義教を自邸に招いて饗宴の最中、満祐の家来どもが突如義教めがけて切りかかり、ここに恐怖政治をしいた六代将軍はあっけない最期を遂げたのである。居合せた諸将のうち山名熙貴《ひろたか》と京極加賀入道が義教とともに殺され、そのほか走衆《はしりしゆう》遠山・市の二人が討死しただけで、管領細川持之以下の諸大名は命からがら逃げ出してしまった。伏見宮貞成親王はその日の日記に、「御前において腹切る人なし。赤松落行くを追懸けて討つ人なし。未練いうばかりなし」と慨嘆し、「所詮赤松討たるべき御企て露顕のあいだ、遮《さえぎ》って討ち申すと云々。自業自得果して力なき事か。将軍かくのごとき犬死は、古来その例を聞かざる事なり」と記している。たしかにこの犬死といわれた義教の死は、足利将軍家の権威凋落の第一歩であり、これから応仁の乱へと続いてゆく室町幕府の大きな動揺の発端だったと言える。

義教を殺した満祐は、直ちに一族被官を率いて本国播磨に奔り、挑戦状を管領持之に送るとともに、木ノ山・白幡両城の防禦設備を厳重にし、国境の要所要所にも軍勢を配置して、幕府軍を迎え討つ準備を整えた。一方、幕府は一時上を下への大混乱に陥ったが、管領細川持之は諸大名と会議して義教の嫡子千也茶丸（義勝）を次の将軍に決めるとともに、満祐追討の手筈をととのえ、七月十一日以来、軍勢を播磨に向かって続々と進発させた。大手は細川持常・同頼久・同満俊・武田信賢・河野通宣・赤松貞村らが都合八万三千八百余騎といわれる大軍を率いて山陽道を攻め下り、二十五日から合戦が始まった。搦手《からめて》は山名持豊が侍所の職を辞して主将となり、嫡子教豊、同族教清（義理の嫡孫）政清父子、教之（氏幸の嫡孫）以下、一族被官二万五千余騎といわれる軍勢で、二十八日に但馬口から播磨に攻め寄せた。

荒武者持豊

大手の軍勢は八月に入ってもはかばかしい進撃をせず、この間に赤松勢は分国美作・備前にも進出して、幕府軍に応じた美作の国人垪和《はが》や備前の国人松田らを追い払った。その十九日に、細川持常以下はようやく播州塩屋の関を海陸から攻めて焼き払ったが、二十六日蟹坂で赤松勢の主力と戦ってかなりの損害を出した。このように幕府軍の主力部隊の戦意があがらず、進撃が鈍かったのは、主将細川持常が赤松満祐と親しかったからだともいわれるが、持常以下の諸将が義教の死にひと安堵し、満祐の立場にひそかな同情を抱いていたためであろう。

これにひきかえ、搦手《からめて》の山名勢は大いに意気盛んで、但馬口から猛攻撃を行なって、播磨に進入するとともに、一族教清は美作に攻め込んで八月中旬のうちに美作一国の赤松方をことごとく追い払った。この間に持豊の率いる本隊は赤松の一族龍門寺、被官上原備後守を討ち取って播州深く進入し、九月五日満祐の陣取る書写山《しよしやざん》の坂本に達し、堀城を攻め落した。山名勢の猛攻に力を得た大手の細川勢・武田勢なども、ようやく本腰を入れて攻撃を行なったので、満祐は全軍をまとめて木ノ山城に楯籠り、必死の防戦を試みた。幕府軍は城を取り囲んで攻め立てたが、なかでも持豊以下山名勢の攻撃は一番目立っていた。『嘉吉記』はその戦況を次のように描写する。

金吾（持豊）人ニ勝テ大功ヲタテント願フ人ナリ。其心操、驪龍頷下《れいりゆうがんか》ノ玉ヲモ奪ハンホドノ機分ナレバ、ナジカハ少モ猶予スベキ。大山口ヨリ国中へ切テ入《いり》、城ノムカヒ西福寺ノ上ニ、ハシサキ（端崎）河ヲ隔《へだて》テ陣ヲ取《とり》、修理大夫（教清）・相模守（教之）、因幡・伯耆勢ヲ卒シ搦手ヘマハリケレバ、金吾河ヲ渡シ城山ノ麓ニ陣ヲ取ル。十重《とえ》廿重《はたえ》ニ取巻キ、日夜息ヲモ不レ継《つがず》攻入、壁櫓引破り城中アラハニ見透シ、其上兵粮モ尽ケレバ、九月十日大膳太夫満祐入道性具自害シヌ。城中兵、人ニ知ラルルホドノ者ハ腹ヲ切ル。其数ヲ不レ知《しらず》。子息彦次郎教康イツノマニカ逐電シケン、アト知《しれ》ズニ成《なり》ケリ。頸共京都へ上《のぼ》セ、軍《いくさ》ノ様《さま》ヲ申《もうし》ケリ。

この軍記に、「大手軍兵共ハ播磨路へ一足モ踏入レズ、勿論敵ノ旗ヲ不レ見帰陣シケリ」とあるのは誇張に過ぎるが、それにしても持豊以下山名勢の働きが抜群で、ほとんど戦功を独り占めにした観があったことは間違いない。

満祐が自刃した直後、焼け落ちる城中に走り入って満祐の首を取り出したのは、山名の被官小鴨某であると伝えられ、但馬の住人出石《いずし》小次郎景則という者だったともいう。

持豊がこのように勇戦して大功を立てたのはなぜだろうか。たしかに『嘉吉記』にもいうように、彼が勇猛な荒武者であり、誰よりもすぐれた軍功をあげようと張り切ったからに違いない。しかし彼には特に赤松勢との戦闘に勇み立つ理由があった。それは、山名の分国但馬・因幡・伯耆は赤松の分国播磨・美作と境を接している上、美作は明徳の乱で赤松氏のものとなったもとの山名の分国だった。このように勢力圏が嚙み合っているせいもあり、また山名・赤松がいずれも四職の家柄として張り合っているためもあって、持豊は諸大名の中でも一番満祐と仲が悪かった。『老人雑話』という逸話集には、持豊が満祐とならんで義教に出仕していたとき、ある日庭前に枯れた松のあるのを見た持豊が、「あの赤松を斬って捨て申そう」と義教の前で言い放った。ところが満祐は歌学に達し、口の達者な男だったから、「山なをか」と言い返した。山名と庭の築山を掛けたのである。これから二人の仲はいよいよ悪くなったとある。この話は当てにならないとしても、二人がひどく対立していたことは事実で、永享九年（一四三七）十二月、持豊が満祐と争いを起こそうとし、義教が二人をなだめてやっと和睦させたほどだった。しかも前述のように一族熙貴が今度義教とともに討たれたから、山名一族の満祐に対する恨みはますます大きくなったのであった。山名一族が嘉吉の乱に殊勲をあらわした裏には、このような因縁があったのである。

山名氏の繁栄

満祐の首級は山名教清の嫡子政清が京都に送り届け、幕府では首実検の上、政清に太刀・腹巻・馬を、被官小鴨には太刀と刀を褒美として与えた。閏九月に諸将は京都に凱旋し、幕府で赤松誅伐の論功行賞が行なわれた。『但馬村岡山名家譜』によると、なかでも持豊は他家を交えず一族等を引具して将軍家の讎敵《しゅうてき》を亡ぼした功が莫大であるとして、翌年正月従三位に叙し、右衛門佐に任じ、白傘袋・毛氈鞍覆《もうせんくらおおい》ならびに屋形号を許され、播磨・石見の両国を加賜され、修理大夫教清には美作、相模守教之には備前を賜わったとある。事実、これ以来彼らのそれぞれの国の守護としての活動が文書・記録に見出され、これらの分国加賜が証明される。このうち石見はこれまでも山名熙貴の分国であったが、他の三国は赤松の分国であった。そこで結局山名一族は、今までの但馬・因幡・伯耆・石見・備後・安芸・伊賀に赤松氏の分国播磨・備前・美作をそっくり加えて合計十ケ国、そのうち九ケ国までが山陰・山陽両道にあるという、実に尨大な領域を併有し、持豊自身がこのうち七ケ国までを独り占めして、かつての六分一家衆といわれた時代にまさるとも劣らない大変な権威を振るうことになった。この嘉吉の乱の大功は持豊三十八歳というまさに働き盛りのときだった。

その後、三、四年のうちに起こった赤松残党の蜂起に対しても、持豊は一手に鎮圧の功を収めた。すなわち文安元年(一四四四)十月、赤松氏の一族播磨守満政というものが京都から本国に出奔し、赤松の牢人どもにかつがれて叛乱を起こしたが、持豊はみずから一族被官を率いて討伐に発向し、翌年三月摂津有馬郡で満政以下三百七十人ばかりを討ち取り、但馬国を経て引きあげた。

山名家再興の業をなしとげ、赤松氏鎮定の功を誇った持豊は、官途もやがて右衛門督に進み、勢いにまかせて傍若無人の行動に出て、人々に疎《うと》まれるようになった。既に嘉吉元年(一四四一)七月、赤松満祐追討のため軍勢が続々京都を出発し始めたころ、侍所所司の持豊は「斯波氏の被官朝倉は赤松の被官と縁つづきだから、所領を没収する」と言い出し、朝倉は「もとは縁故があったが今は無関係だ」と反論し、騒動が起こりそうになったが、仲裁するものがあってようやく収まった。また山名の家来どもは京都の混乱に乗じて、管領細川持之の召使う人夫の苅った草をむりやり銭三文で押買《おしかい》（おどかして不当に安く買うこと）したり、洛中の土倉《どそう》（質屋）に乱入して質草を強奪したり、目にあまる乱暴狼藉を働くので、持之は持豊に何回も使いを送って取締りを要求したが、持豊は部下の不法行為を放っておいて、一向禁止しない。とうとう持之は山名の邸に攻め寄せる支度を始めたところ、やっと持豊は、不法な被官を処刑するといって詫びを入れたので、事なきを得た。この有様を聞き伝えた公卿万里小路《までのこうじ》時房は、「近日の無道濫吹《らんすい》は、ただ山名にあるなり」と評言している。

赤松氏を倒す前からこの有様だから、ましてその後の傍若無人ぶりは想像されよう。管領持之が諸国の公家領・寺社領のうち武士の押領したものを返還させようとして国々の守護にその命を伝えさせたところ、持豊だけが命令を無視して分国に伝えなかったということも一例である。嘉吉三年（一四四三）九月、南朝の子孫尊秀王がひそかに公卿日野有光と結び、与党を率い宮中に闖入して神璽《しんじ》宝剣を奪い、延暦寺の根本中堂にたてこもるという事件が起こったとき、伏見宮貞成親王は、山名と細川も南朝の余党に同心しているそうだという噂を聞き、「山名の野心、日ごろ風聞の間存《ぞん》の内なり」といって、これは考えうることだと見ている。実際は山名・細川がこの事件の一味というのは全くのデマであったが、それにしても常々持豊は大変な野心家という評判を立てられていたことがわかる。

さて持豊はこうした世間の評判をよそに、宝徳二年（一四五〇）四十七歳のとき、京都の南禅寺に塔頭《たっちゅう》真乗院を建立して香林和尚を開山とし、山城国深草郷を寄付して武運長久・子孫繁昌を祈らせ、権威づけのため将軍義政の執奏を経て、後花園天皇の綸旨を賜わってこの塔頭を勅願所とし、いかにも権勢家らしいところを見せた。こうして禅道帰依をよそおった持豊は、同年嫡子教豊に家督を譲り、剃髪して宗峯と称した。やがて法号を宗全と改める。ここに嘉吉の乱の際の活躍をピークとした持豊の前半生にはひと区切りが打たれ、続いて将軍義政の宿老山名金吾入道宗全としての後半生が始まるのである。なお金吾とは衛門府の唐名であり、ここでは前右衛門督の宗全を意味する。

しかし宗全の後半生は、細川勝元との関係を主軸として展開されるのであり、私達はここにいよいよ室町幕府をめぐる歴史の舞台に勝元を登場させて、この二人がどのような事件をめぐって虚々実々のかけひきを演じるかを観察しよう。

勝元の登場および宗全との対立

若年の将軍と管領

嘉吉の乱で将軍家の権威がゆらぎ始め、山名持豊が大いに幅をきかすようになってから、細川勝元はようやく成人の域に達してくる。勝元は、前にも触れたように管領持之の嫡子として、永享二年（一四三〇）に生まれた。

幼名を聡明六郎と言い、嘉吉の乱の翌年にあたる嘉吉二年（一四四二）八月、十三歳で父持之の死に遭ったので、早くも細川宗家すなわち京兆家の当主となり、幼将軍義勝の一字を賜わって勝元と称し、右京大夫《うきょうのだいぶ》に任じられた。のち武蔵守を兼ねる。

彼は父の跡を継いで摂津・丹波・讃岐・土佐四ケ国の守護を兼ね、細川分家の諸大名はそれぞれ和泉（二人で半国ずつ）・阿波・淡路・備中・三河の守護であり、合計九ケ国守護という地盤を誇っていた。

嘉吉三年（一四四三）将軍義勝はわずか十歳で夭折し、一つ違いの弟義政（はじめの名は義成《よししげ》）が将軍家を継いだ。やがて文安二年（一四四五）三月、時に十六歳の勝元が畠山持国に代って管領の職に

室町幕府中央職制

（□内は役所の名称）

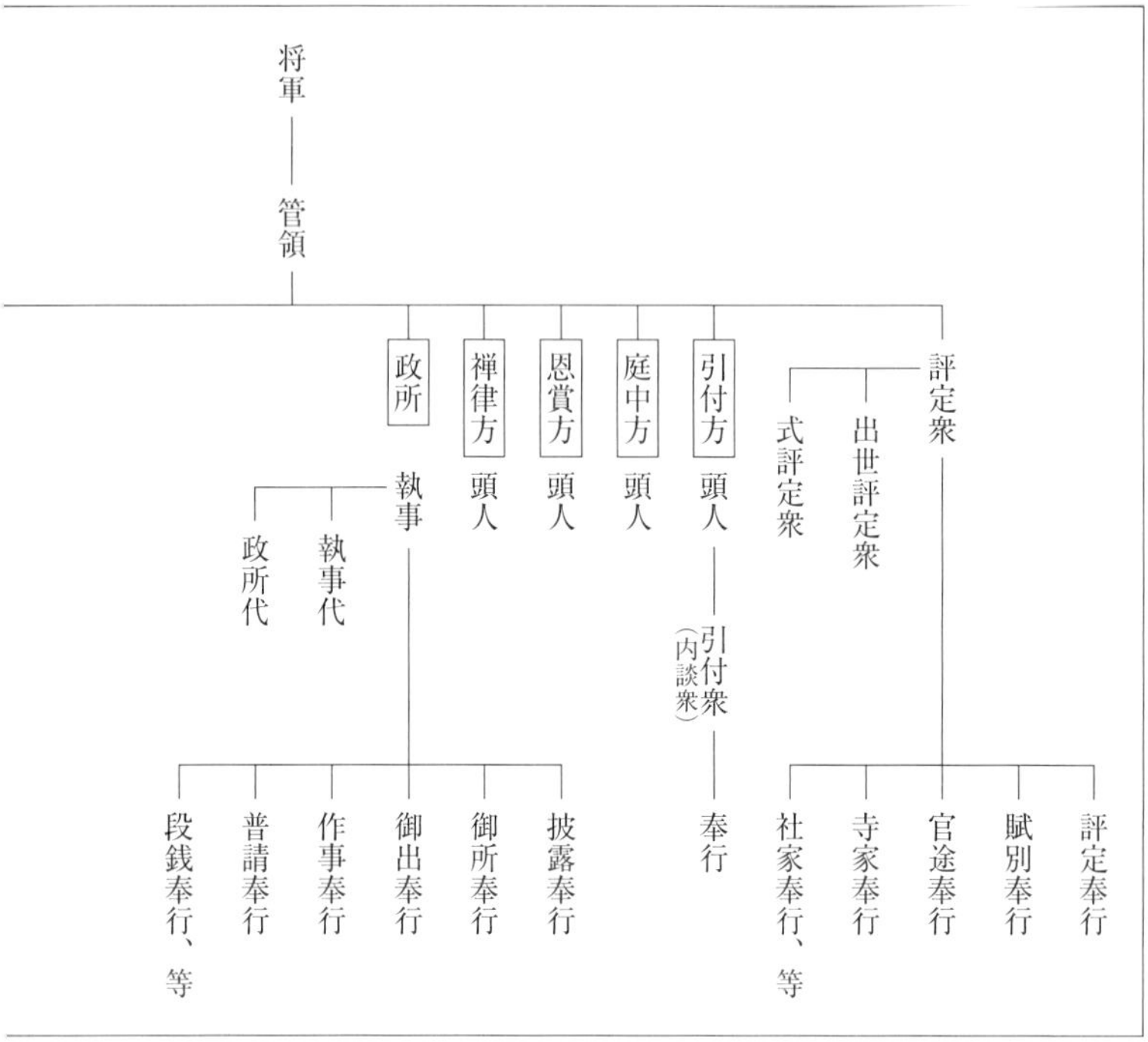

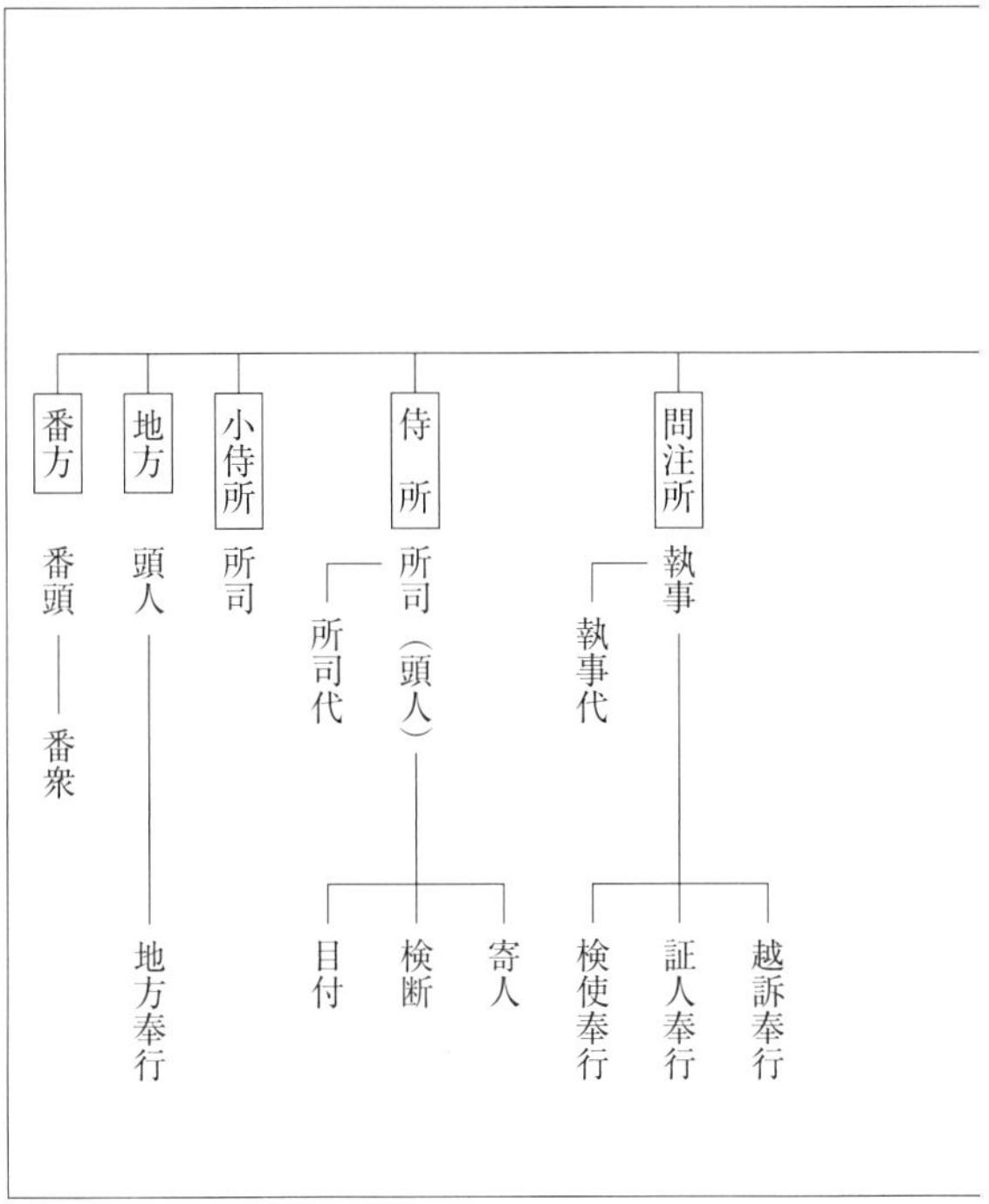
問注所
執事
執事代
越訴奉行
証人奉行
検使奉行
侍所
所司（頭人）
所司代
寄人
検断
目付
小侍所
所司
地方
頭人
地方奉行
番方
番頭
番衆

任じられた。このとき義政はまだ十一歳であった。こうして将軍家当主と管領がどちらも少年という状態が現出したのである。

かつて三代将軍義満も九歳で将軍家を継いだが、そのとき管領となって義満を補佐した細川頼之は三十八歳の壮年だった。また義教横死のあと、義勝が将軍となったのは八歳だが、時の管領持之は四十二歳の分別盛りだった。それにひきかえ、今度は管領勝元までが十六歳の少年なのだから、当分の間はとても独力で幼将軍義政を輔《たす》けて幕政を主宰する能力がある筈もない。それなのにどうしてこんなに年の若い勝元が管領に選ばれたのだろうか。

実はこのころまでに幕府政治の運営の仕方にはかなりの変化が起こっていて、三管領四職などの家柄の大大名よりなる宿老数名が重要政務の相談にあずかるという慣習ができ上っていたのだった。すでに四代将軍義持のころ、斯波義将《よしゆき》・義重父子、細川満元、畠山満家らが宿老として重んじられていたし、六代将軍義教も専制ぶりを発揮したとはいえ、やはり畠山満家・満則兄弟、山名時熙・斯波義淳・細川持之らの意見を無視することはできなかった。

ところがこれらの宿老は持之以外は皆、永享四年（一四三二）から七年（一四三五）にかけて亡くなり、黒衣の宰相といわれて義持以来の陰の実力者だった満済准后も永享七年に世を去った。恐怖政治を布いた揚句に横死するという義教の悲運は、これらの宿老が在世していれば、かなり防止できただろうと思われる。

畠山氏系図

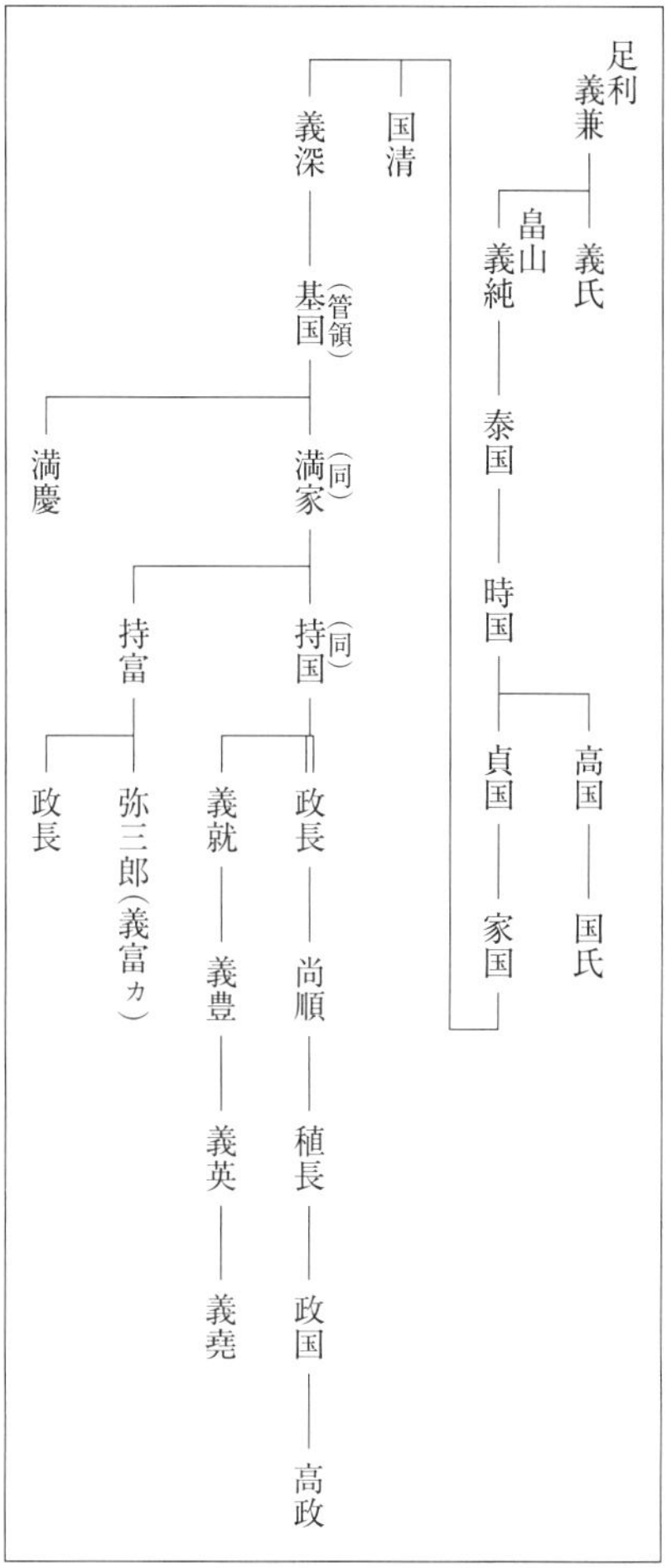

その後は、畠山家では義教にいったん排斥され、義教の死によって幕府に復帰できた持国が当主であり、また斯波家は義郷《よしさと》が当主で、これは義淳《よしあつ》の弟で始め僧侶だったが、義淳が実子なくして没したため還俗《げんぞく》して家を継いだ人で、いずれも力量、名望とも前代の宿老にはとても及ばなかった。要するに家柄政治になっていたにもかかわらず人材が払底していたので、これが細川持之の死後三年にして若年の勝元の管領就任を許した大きな原因だったと思われる。

赤松氏系図

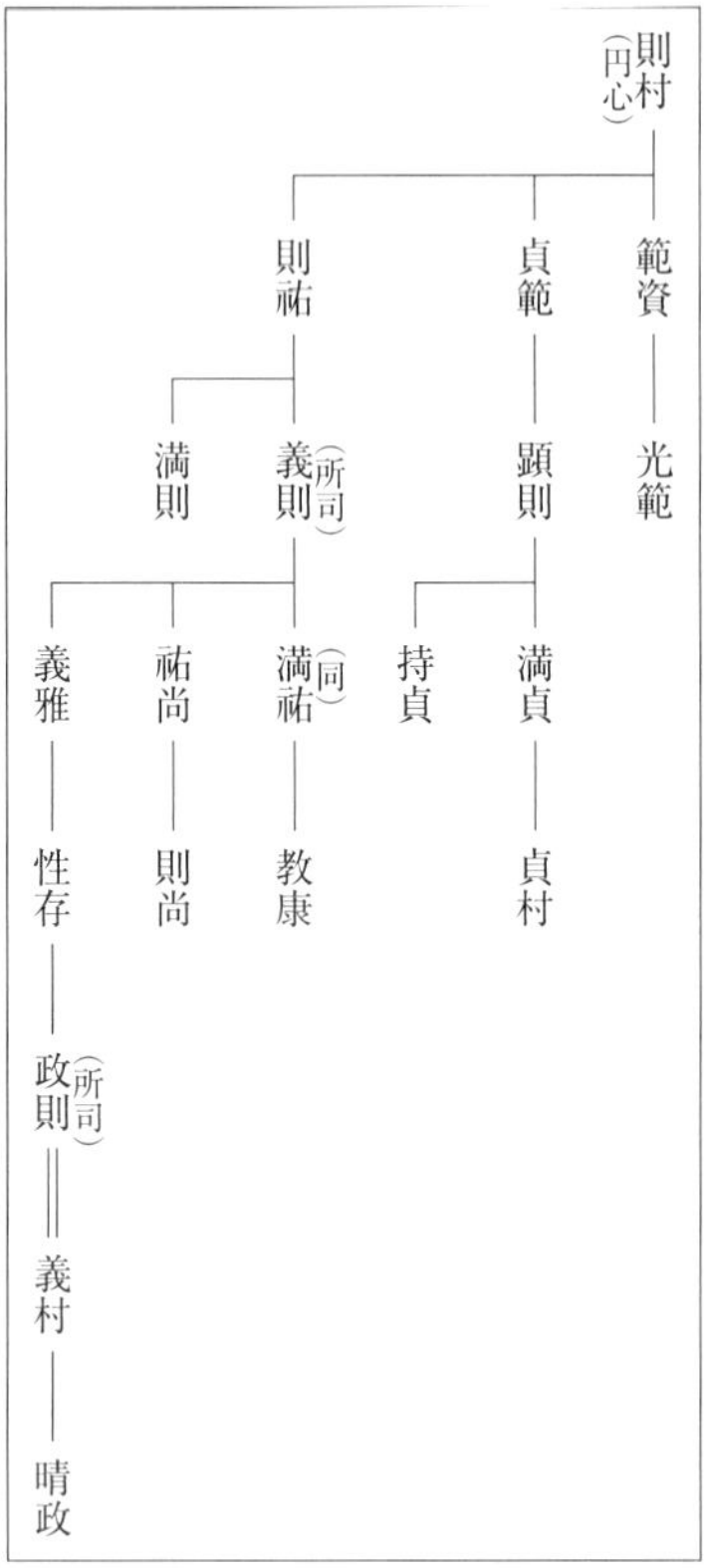

それに今一つは、細川一族の大名たちが宗家の京兆家を支持して結束し、幕府の中に大きな勢力を占めていたからである。

享徳・康正年間（一四五二―五七）頃に成立した『永享以来御番帳』によれば、三職《さんしき》（三管領）・御相伴衆・御供衆および番衆という格式で幕府に登用されていた諸将のうち有力な家は、三管領の家では畠山氏が十人、細川氏が九人、斯波氏が三人で、畠山・細川両氏の勢力がほぼ匹敵し、斯波氏はあまり振るわないことがわかる。また四職の家では山名氏が八人、赤松氏が分家の有馬氏を入れて七人、京極氏が一人（但し佐々木氏全体では五人）、一色氏が二人となっており、山名・赤松両氏の張り合っていた情勢があらわれている。

細川一族では、持之の弟で典厩家《てんきゅうけ》をたてた持賢、嘉吉の乱に赤松討伐の大手の大将となった阿波守護で下屋形と称せられる持常、和泉半国守護の教春などの管領持之の死後も健在で、彼らが年若い宗家の勝元を盛り立てて、幕府の重鎮としての細川氏の地位を保っていた。従って勝元を畠山持国に対抗して管領に推すためには、これらの一族のバック・アップが大きく働いたのだった。

宝徳元年（一四四九）、十五歳になった将軍義政は、四月十六日に盛大な元服の式を挙げた。このとき管領勝元は加冠、一族教春が理髪の役を勤め、そのほか打乱筥《うちみだりのはこ》、油須留《ゆする》、土器《かわらけ》、雑具などの役目はすべて細川一家の大名が引き受け、当日の椀飯《おうばん》（饗宴）も管領勝元が調進した。続いて同月二十九日義政はいよいよ征夷大将軍に任じられた。

細川一族が勝元を扶けて将軍家の晴の儀式を執り行なったところにも、細川家の結束がよくあらわれている。このように勝元は管領家の嫡統であり、分家の諸大名が管領家を中心としてよく団結していたのだから、彼の管領としての地位は生まれながらにして約束されていたといっても差し支えない。だから実力で父時熙の勢威を凌ぐに至った宗全と比べると、勝元の政権街道は、はるかに坦々《たんたん》として いたというべきである。

宗全の婿勝元

勝元は一族の援助を受けて二十歳まで四年間管領の職にあったが、義政が元服して正式に征夷大将軍となったのを機会に、管領の職を、いったん前管領畠山持国入道徳本に譲った。そうして持国が三年間勤めたのち、再び勝元に管領を譲り渡したので、享徳元年（一四五二）十一月、二十三歳で再びこの職に就任した。なぜ一応は持国を立てなければならなかったかというと、それは宗家が河内・紀伊・越中守護、分家が能登守護という畠山一族も、幕府のうちになかなかの勢力を占めていたし、当の前管領持国入道が宝徳元年（一四四九）にはすでに五十三歳で、宿老の乏しい当時の幕府の中では、三管領中第一の長老であったから、尊重しないわけにはいかなかったのである。

だが勝元が持国を尊重し、交代で政権を担当したといっても、それは表面上だけのことで、その蔭では持国を孤立させてその勢力を弱めるための術策をめぐらしていた。嘉吉の乱後おおいに羽振りをきかし野心家と評判されていた山名宗全に近づき、宗全の女《むすめ》を夫人に迎えて、勝元が宗全の婿となったのもそのためであったに違いない。この政略結婚の行なわれた年月は明らかでないが、前に述べた嘉吉三年（一四四三）九月の尊秀王らの神器盗み出し事件のときに、「細川もこの事件に関係しているというのは、山名の縁者だから不審でない」と噂されているところから見て（看聞御記）、少なくとも勝元が管領になる前々年の嘉吉三年、すなわち十四歳のときには、すでにこの縁組（少なくとも婚約）が行なわれていたことがわかる。だから勝元が十六歳で管領となったときにも、当時はまだ持豊と称していた宗全の肩入れがあったことと思われる。宗全としても、三管領中一番勢力のある細川家と姻戚になって、ますます権勢を強めようという思惑があったに違いない。

宝徳三年（一四五一）七月、宗全の被官大田垣某の家来が、勝元の被官豊田出雲の家来を殺した事件があったが、宗全は直ちに下手人を勝元の許に引き渡したので無事に解決した。これなども、宗全が勝元と提携していたので、それ以上の問題とならなかったのである。

宗全と提携して管領の座を確立しようとする勝元にとって好都合なことに、競争相手の畠山持国は年長とはいえ、縁故に引かれて依怙贔屓《えこひいき》するような人物で、あまり有能な為政者でなかった。それは小笠原氏の内訌や富樫氏の内訌に対する持国の処置にあらわれている。

信濃の守護小笠原氏では、嘉吉二年（一四四二）当主政康が没し、その嫡子宗康が家臣らに扶けられて相続したところ、政康の甥持長（政康の庶兄長将の子）が相続権を主張して争い、幕府に訴えた。幕府は持長の主張は論拠薄弱と認めて却下しようとしたが、持長の母（長将の後家）は管領畠山持国の妻になっていたので、持長は母の縁を頼って持国に頼み込み、持国も持長の頼みを承知して、判決を無理に曲げて、持長に家督相続の安堵状《あんどじょう》を与えた。そのため小笠原家の一族家臣は両方に分れて戦い、やがて宗康は戦死したが、その弟光康が立って持長に抗戦し、信濃一国に争乱が絶えない状態となった。

小笠原氏の内訌と同様、持国の私曲によって紛争を激しくしたのは加賀の守護富樫氏である。さきに守護富樫教家は将軍義教から排斥されて嘉吉の変の直前に出奔したので、時の管領細川持之はその弟を還俗させて烏帽子親《えぼしおや》となり泰高と名付けた。まもなく義教が謀殺されたので教家は家臣に扶けられて加賀に乱入し、加賀の守護に復帰しようとして、嘉吉三年（一四四三）二月、管領畠山持国に運動した。持国はこれを許し、代官を派遣して教家を援助し、泰高を廃そうとしたので、加賀の守護代山川八郎は持国の処置の不当を憤慨し、叛乱を起こして泰高を扶けようとした。持国は幼将軍義勝の命令を出して泰高を追討しようとしたところ、八郎とその父は泰高を赦して教家・泰高兄弟を各半国守護にすることを願い、検使の前で切腹した。八郎の父は扇に次の辞世の歌を血書した。

あづさ弓五十《いそじ》をこゆる年浪のまことの道に入《いり》にけるかな

世人は山川父子の忠烈を誉めたたえたが、これ以来、富樫家の一族家臣は教家方と泰高方に分れて戦闘を繰り返した。持国は教家を援け、教家が文安三年（一四四六）に亡くなると、その子成春を支援し、一方勝元は泰高を援けて援軍を送ったので、富樫家の内輪もめは畠山・細川両家の政争の道具となってしまった。

畠山家の分裂と持国の死

そうこうするうちに、今度は畠山家自身にお家騒動がもち上り、持国は他家の援助どころでなくなってしまうのである。持国には長年実子がなかったので、甥の弥三郎（義富か）を養子にして、ゆくゆくは家を継がせる約束をしていた。ところが晩年になって妾腹に実子義就《よしなり》（初めの名は義夏）が生まれた。持国は養子弥三郎の手前、いったんは義就を僧侶にしようとしたが、とてもふびんで決心がつかない。頼まれれば他家のことでも理非曲直をまげる持国のことである。まして自分の問題だから、結局実子の愛情にひかれて弥三郎との約束を反故《ほご》にし、宝徳二年（一四五〇）六月義就を家督に決めてしまい、将軍義政の安堵状を申し受けて所領・分国を悉く義就に譲り渡した。

しかし畠山家の御内（直臣）の中でも重臣の神保越中守・同宗右衛門・遊佐長直らは日ごろ弥三郎に心を寄せていたので、持国の振舞いを恨み、弥三郎を立てて義就を除こうと同志を募って密謀をこらし始めた。享徳三年（一四五四）四月その隠謀が露顕し、怒った持国は家臣遊佐国助らを遣わして越中守・長直らを襲わせた。越中守は殺されたが、長直・宗右衛門らは山名宗全の邸に逃れ、弥三郎も逃げ出して細川勝元の邸に匿まわれた。この騒動には、すでに宗全と勝元が弥三郎方の隠謀を陰から操って、畠山家の分裂を煽っていたことがはっきりしている。

宗全と勝元が弥三郎を援助していることを知った持国は、ますます怒って、義政の御教書《みぎょうしょ》を申し下し、弥三郎追討の兵を起こしたため、京都は物情騒然となった。しかし家臣の多くは持国・義就父子から離れて弥三郎方に走り、宗全・勝元も公然とこれを援助したので、勢いを得た弥三郎党は八月二十一日持国の邸を襲撃して火をかけたため、義就は遊佐国助に助けられて伊賀国に落ちのび、持国はやむをえず建仁寺の塔頭《たっちゅう》西来院に引き籠った。

翌月、遊佐長直らは持国をなだめて邸に連れ戻し、勝元は宗全とともに義政に願って弥三郎を持国の家督に決めたが、十二月になって義就も招かれて京都に還ったので、今度は弥三郎が不安を懐き、分国河内に出奔して兵を集め始めた。

実権を失った持国は失意のうちに翌康正元年（一四五五）三月病死し、畠山氏の一族被官は完全に二派に分裂して、永年にわたり内訌を繰りひろげることとなる。

宗全、赤松一族を討つ

婿の勝元と組んで畠山氏を分裂させて持国を政界から追い落した持豊は、もはや自分に対立する宿老はないと、ますます憍慢《きょうまん》の風を募らせ、将軍義政からも疎《うと》んじられるようになった。細川一族とすれば、持豊は勝元の舅だといっても、それだけにかえって細川家の勢力にとって始末の悪い目の上の瘤である。共通の政敵持国を没落させた山名・細川両氏は、遅かれ早かれ対立を免れない。

ところで宝徳元年（一四四九）細川持常が急死し、その養子である甥の成之《しげゆき》（初め久之という）が下屋形を継いだ。この成之は勝元よりも四歳年下だが、なかなかの智恵者であり、細川家将来の安全のため、今のうちに宗全の勢力をそぐ必要があると考えた。

そこで成之は享徳三年（一四五四）の冬、畠山氏の騒動が一段落するかしないかのうちに、早くも将軍義政に運動して赤松満祐の甥（弟祐之の子）則尚《のりひさ》を召し出して幕府に出仕させ、播磨・摂津等のうちに所領を与えることとした。没落した赤松家を再興させて、播磨守護を兼ねている宗全を牽制させるのが目的であることはいうまでもない。

義政が赤松則尚を召し出したことを知った宗全は大いに義政を恨んで、「将軍が親の敵《かたき》の赤松を取り立てるとは何事か」と罵った。成之らはこの旨を義政にしきりに告げ口した。義政は宗全の畠山持国排斥を不愉快に思っていた矢先だけに、大いに怒り、十一月二日の夜、幕府に軍勢を集めて追討の旗を揚げ山名の邸に押し寄せて宗全一家を討ち果すことを決めるとともに、則尚を播磨に攻め込ませて旧赤松分国を奪還させようとした。

急を聞いた勝元は、舅宗全を見殺しにできないと、その夜にわかに逐電して東山の五大堂に籠ったので、山名追討軍の主力になる筈だった細川の一族被官も続々と幕府軍から脱け出して東山に集まった。

手筈の狂った義政は山名追討をあきらめざるをえず、さらに勝元は宗全に誓約書を書かせて義政に差し出したので、十二月三日義政は宗全の子息教豊・是豊、孫政豊らに出仕を許し、宗全には嫡子教豊に家督を譲り渡し、分国に退去して隠居するように命じた。勝元は舅宗全の赦免を喜んで、御礼として太刀・馬などを義政に献上した。

さすがに宗全は不本意ながら義政の命令に従って但馬に引き揚げたので、宗全の追放を喜んだ赤松則尚は、一族有馬小次郎らを従えて播磨に侵入し、檀特山に拠点を築いて国人どもを味方にし、室山にたて籠っている宗全の嫡孫政豊のもとに攻め寄せた。この報告を聞いた宗全が、いつまでも但馬におとなしくしている筈はない。翌康正元年（一四五五）五月、宗全は但馬を進発して播磨に打ち入った。

先陣は大田垣、二陣は田結庄《たゆうしょう》、左は山口・富田、右は垣屋・足達《あだち》、小荷駄は滑良《なめら》が奉行し、その勢都合一万三千余騎という。宗全は、普当山に陣取って檀特山の敵をひと責めしたが、すぐには落ちないのを見るやこれを打ち捨て、播州平野北端の要衝書写山の坂本に進出し、室山の政豊を囲む敵の背後を脅かした。

政豊を攻めていた赤松方は宗全の猛威をおそれ、一戦にも及ばずわれ先に退散し、これを聞いた檀特山の敵も総崩れになって逃げ去った。宗全は直ちに追撃に移り、則尚に追い打ちをかけたので、則尚は備前の鹿久居《かくい》島まで落ちのびて力つき、家の子郎党二十一人とともに三十一歳を一期《いちご》として自害して果てた。

さきの文安二年（一四四五）と今度の康正元年（一四五五）と二回にわたって再興運動を図った赤松一族を叩きつぶした宗全は、隠居というのも名目ばかり、例えば康正二年（一四五六）六月に備後の国人山内首藤《やまのうちすどう》泰通に、備後・播磨両国内の所領を安堵しているように、分国の庶政を取りしきり、被官に恩を施して勢力を培った。やがて追放のほとぼりもさめた長禄二年（一四五八）八月義政の赦免を受けて上洛し、再び宿老として幕政にあずかり、その十一月からは畠山義忠と二人で室町の幕府新第の造営工事の責任者として活躍した。義政も諸大名も宗全の高慢を嫌いながらも、その実力をどうすることもできなかったのである。

宗全・勝元溝を深める

細川成之をはじめ宗全の勢力削減を企てた細川一族は、取り立てた赤松則尚が逆に滅ぼされて、ますます宗全がわが物顔に振舞うのを口惜しく思い、またさきには舅宗全のために助命運動をした勝元も、一族の意向に押されて宗全を嫌うようになった。ここに細川氏の宗全排斥にとって恰好の材料である赤松氏再興運動がまたしても起こってくる。

さきに嘉吉三年（一四四三）の神璽《しんじ》宝剣奪取事件のとき、宝剣は取り戻されたが、首魁の尊秀王らは神璽を携えて行方がわからなくなっていた。ところが南朝の皇胤で自天王・忠義王と称する兄弟が、吉野の山奥大台ケ原山の谷間にこの神璽を奉じて潜み、自天王は天皇と称し、長禄元年（一四五七）十月、南朝の遺臣を集めて吉野金峰山《きんぷせん》を襲撃した。報告を受けた幕府は対策を講じようとしたが、大和の国民（興福寺被官の大和国人）越智家栄がこれを追い払ったと注進したので、そのままにしておいた。

一方赤松の牢人たちは則尚の滅ぼされた後、内大臣三条実量の被官になっている赤松旧臣石見太郎左衛門尉らが中心となって、康正二年（一四五六）以来、義政に赤松家再興を運動していたところ、たまたま右の事件が起こったので、二王子を討って神璽を奉還すれば、家門再興を認めようという後花園天皇の綸旨《りんじ》と義政将軍の内書を頂いた。赤松牢人間島彦太郎・小寺藤兵衛入道・丹屋帯刀左衛門・四郎左衛門兄弟らは吉野に向かい、偽って自天王・忠義王に仕え、長禄元年（一四五七）十二月、二王子を襲って討ち殺し、神璽を奪った。神璽は吉野十八郷の郷民らに奪還されたが、小寺藤兵衛入道は越智家栄らと謀略をめぐらし、翌二年八月、郷民から神璽を騙し取って帰京し、朝廷に納めた。

そこで神璽奉還の功により幕府は約束通り赤松家の再興を許し、満祐の弟で満祐とともに自害した義雅の孫で、当年わずかに五歳の政則を立てさせ、これを加賀半国の守護とし、かつ備前新田荘・出雲宇賀荘・伊勢高宮保を所領として与えた。

加賀は前述の守護富樫家の内訌の結果、畠山持国の扶けた成春が、持国の勢力失墜によって没落したので、その跡を赤松政則に与えたのである。だからこれは将軍義政から任じられたとはいえ、実際には細川勝元が赤松遺臣の行動を支援し、功績を立てる機会を与えて政則を取り立てたことが明らかであり、その目的はいうまでもなく宗全牽制のためだったのである。

それ以来、赤松政則はしばしば義政将軍に引見されて目をかけられたが、面白くないのは宗全・教之らの山名一族である。政則がその所領となった備前新田荘を接収しようとすると、備前の守護である教之はこれを拒否し、長禄三年（一四五九）六月、同地で両方の武士が戦った。義政や勝元は政則を援け、幕府の使者を派遣して引き渡しを命じたので、宗全・教之はますます憤激した。政則の分国になった加賀半国についても、宗全は富樫成春を援けて実力で政則方の入国に抵抗させ、一方義政に成春取り立てを運動して、翌寛正元年（一四六〇）十月、成春の赦免に成功した。

こうして加賀をめぐる紛争は勝元が富樫泰高と赤松政則を援け、宗全が富樫成春を援けて、ますますこじれていった。なお宗全は、赤松家再興のために運動した石見太郎左衛門尉を憎んで、長禄三年十一月、郎従に命じて石見を闇討ちにして殺しており、宗全の報復はこんな軽輩の上にもおよんだ。

さきに相提携して畠山持国の排除に努めた宗全と勝元は、その成功とともに一転して相対立し、このように両雄が事ごとに睨み合う形勢へと移ったのである。この両将は前に述べたように家風にも違いがあり、年齢も離れているが、性格的にも相容れないものをもっていたようである。

宗全の性格

宗全は曾祖父時氏や父時熙に優るとも劣らない実戦型の猛将で、性質はあくまで傲岸不遜、自分の武力や軍功に自信満々であった。多血質な性質に似つかわしく顔色甚だ赤く、そのため赤入道と渾名《あだな》されていた。嘉吉三年（一四四三）九月、山名教清が鞍馬寺に参詣したとき、途中まで出迎えた被官が、市原野で郷民と闘争したという事件がある。おそらく宗全も軍神として有名な鞍馬山の毘沙門天を平生信仰していたのであろう。大徳寺の一休和尚は「山名金吾は鞍馬の毘沙門の化身」と題し、

鞍馬多聞赤面顔《くらまのたもんせきめんがん》　利生接レ物現二人間一《りしようものにせつしにんげんにげんず》

開二方便門一真実相《ほうべんもんをひらけばしんじつのそうあり》　業属二修羅一名属レ山《ごうはしゅらにぞくしなはやまにぞくす》

という狂詩を賦して、宗全は毘沙門天の生まれ変りだから赤ら顔で戦争が好きなのは生まれつきなのだと諷刺している。

生来無風流な人間であったらしく、宗全の趣味についてはほとんど伝えるものがない。ただ文正元年（一四六六）正月二十二日義政の山名邸御成りのときの連歌会で、義政の

八千年《やちとせ》の陰もあらたま椿かな

という発句《ほっく》に、亭主の宗全が

立枝《たちえ》数そふ梅ぞ木《こ》だかき

という二の句をつけ、義政の弟義視《よしみ》が

紅《くれない》の霞ににほふ日のいでて

という三の句を詠じているから（蔭凉軒日録）、宗全も少しは連歌を詠んだことが知られる。しかし連歌は当時一種の社交術として流行していたものだし、殊に義政はこれが大好きで、毎日のように連歌会をやっているのだから、宗全も付き合いの必要上、人並みに多少の心得をもっていただけの話であろう。現にこの宗全の二の句は少しも面白味のない月並な句に過ぎない。また彼は前述のように、宝徳二年（一四五〇）南禅寺に真乗院を建て、かつ入道したが、格別禅道修行に励んだ様子もなく、これも当時の慣習に従った入道に過ぎないようである。

中世に流行した競技に、犬を馬場に放ち騎馬で追いかけて鏑矢で射る犬追物《いぬおうもの》があった。宗全の次男是豊が文正元年（一四六六）に記した奥書のある「篠葉集」（続群書類従本は『山名家犬追物記』の巻頭に収める）は、持豊（宗全）自身の作であり、それには山名時義が犬追物を好み、時熙も功者だったので、持豊が八ケ国守護を賜ったとき、山名家に伝わる犬追物の故実を正すため、但馬へ京都から名士等を集めて筆録したのがこの書であると明記してある。だから宗全は父祖伝来の犬追物の巧者だったに相違ない。現に自邸で諸大名を招いてこの競技を催したことも知られているし、将軍義政夫妻の来臨を得て細川勝元の馬場で催されたときも宗全はみずから出場している。このように和歌・連歌や禅道修行よりは、犬追物が得意というのは、いかにも武骨な宗全らしい好みである。

室町末期に書かれた『塵塚物語』という逸話集には、次の有名なエピソードが載っている。原文は少し冗長だが、掲げておこう。

山名宗全与二或大臣一問答事

山名金吾入道宗全、いにし大乱の比をひ或大臣家にまいりて、当代乱世にて諸人これにくるしむなど、さま〴〵ものがたりして侍りける。折ふし亭の大臣ふるきれい（例）をひき給ひて、さま〴〵かしこく申されけるに、宗全たけくいさめる者なれば、臆したる気色もなく申《もうし》侍るは、「君のおほせ事《ごと》一往はきこえ侍れど、あながちそれに乗じて、例をひかせらるゝ事しかるべからず。凡《およそ》例といふ文字をば、向後は時といふ文字にかへて御心えあるべし。それ一切の事はむかしの例にまかせて、何々を張行あるといふ事、此宗全も少々はしる所也。雲のうへの御さたも、伏してかんがふるに勿論なるべし。夫《それ》和国神代より天位相つゞきたる所の貴をいはゞ、建武元弘より当代までは、皆法をたゞしあらたむべき事なり。乍レ憚《はばかりながら》君公もし礼節をつとめらるゝに、いにしへ大極殿のそこ〳〵にて、何の法礼ありといふ例を用ゐば、後代其《その》殿ほろびたるにいたりては、是非なく又別殿にておこなはるべき事也。又其別殿も時ありて若《もし》後代亡失せば、いたづらなるべきか。凡《およそ》例と云《いう》は其時が例也。大法不易《ふえき》政道は例を引《ひい》て宜しかるべし。其外の事いさゝかにも例をひかるゝ事心えず。一概に例になづみて時をしられざるゆへに、あるひは衰微して門家とぼしく、あるひは官位のみ競望《けいもう》して其智節をいはず。如レ此《かくのごとく》して終《つい》に武家に耻かしめられて、天下うばゝれ媚をなす。若《もし》しゐて古来の例の文字を今沙汰せば、宗全ごときの匹夫、君に対して如レ此同輩の談をのべ侍らんや。是はそも古来いづれの代の例ぞや。是則《すなわち》時なるべし。我今いふ所おそれおほしといへども、又併《しかしながら》後世にわれより増悪のものもなきにはあるべからず。其時の躰《たい》によらば、其者にも過分のこびをなさるゝにてあるべし。いまよりのちはゆめ〳〵以てこゝろなきゐびすにむかひて、我方の例をのたまふべからず。もし時をしり給はゞ、身不肖なりと云《いえ》ども、宗全がはたらきを以て、尊主君公みな扶持したてまつるべし」と、苦々しく申《もうし》ければ、彼《か》の大臣も閉口ありて、はじめ興ありつる物がたりも、皆いたづらに成《なり》けるとぞつたへきゝ侍《はべり》し。是か非か。

儀式典礼のしきたりにくわしい公家のある大臣が、朝廷の昔の例などばかり得意顔に言い立てたのを、宗全が「そんな例などは今の世に何の役にも立たない。その時その時の時勢こそ大切なのだ」といってやり込めたというのである。いかにも宗全ならそのくらいのことは言いそうであり、ともかく実力一点張りで、古来の伝統などは物としない宗全の面影を伝えている話である。

勝元の教養と奢侈

父時熙のめがねにかなって家督を継いだだけあって、宗全はこのように権勢を張ることだけに生き甲斐を感じているような男だったが、一方の勝元はそれほど権勢欲をむきだしにした人間ではなかった。

勝元は当時の武将としては、なかなかの教養を積み、豊かな趣味を持っていた。彼は宝徳二年（一四五〇）六月、京都に例の石庭で有名な龍安寺《りようあんじ》を建立し、妙心寺の義天禅師を開山に招じ、寺領を寄進した。また丹波にも龍興寺という禅寺を建て、これも義天を開山としている。それだけでなく、勝元はこの義天禅師について禅の修行に励み、義天の死後は雪江和尚に参禅してその指導を受けた。現に勝元は雪江に次の自筆の手紙を書き送っている。

久シク御目ニカ、リ候ハヌ間、御目ニカ、リタサ、申アゲ候ニコトタラズ候。サテモ〳〵ヲウセニヨリ候テ、碧巌ノサン（参カ）コトユキサウニ候間、イツカウ御フチ（扶持）ノイタリトカタジケナク、カシコマリ入候、此御ヲン《（恩）》ヲバ、シヤウ〴〵《（生々）》世々マデ、ワスレ申事アルマジク存候、ヨロヅ筆ニツクシガタクテ候、此ヨシ御ヒロウアルベク候、

右京大夫勝元（花押）

妙心寺寺衣御中

（龍泉庵文書）

文中の『碧巌録』というのは、中国宋代に成立した禅の修行の代表的な指南書である。勝元はこの書物を研究して、禅の精神を会得しようと努めていたのだから、勝元の禅学研究は、俗人としてはかなり本格的な域に達していたことがわかる。また勝元は後には医学をも研究し、色々の医書を調べただけでなく、自分で『霊蘭集』という医書を著述したくらいだった。

彼はまた絵心があって、達磨《だるま》大師の絵を描いて五山の僧龍沢にその賛を記してもらったこともあり、信州諏訪の某から献上された純白の鷹を愛育していて、みずからこれを写生し、五山の僧周鳳《しゅうほう》と霊彦《れいげん》に賛を書いてもらったこともある。和歌の嗜みもあり、宝徳二年（一四五〇）には美濃の郡上《ぐじょう》城主で歌人として有名な東常縁《とうつねより》に歌道の指導を依頼している。勝元の和歌として

寄舟雑

おほ海のかぎりもしらぬ浪の上に　あはれはかなく船の行《ゆく》みゆ

などという詠草が伝えられている（武林拾葉）。

鷹を愛育した事実から見て、勝元は鷹狩にも相当凝っていたらしいが、猿楽や犬追物も、宗全をは

じめ他の諸大名に劣らず熱心だった。寛正六年（一四六五）八月二十二日には、勝元の馬場を競技場として盛大な犬追物が開催され、義政夫妻と義視が在京の諸大名一同を従えて臨場し、時の管領畠山政長以下、細川・山名・一色・土岐・伊勢・小笠原の各大名が美々しく着飾った騎馬武者姿で技をきそった。さらに同月二十八日にも同じ馬場で犬追物を催しているし、その後にも義政を招いて開催したことが何回もあった。

これらの趣味からもわかるように、勝元の生活ぶりは大層派手であり、衣食住とも非常に贅沢だった。寛正二年（一四六一）、あたかも三年続きの大飢饉の最中、建仁寺の大極和尚は右京兆《うけいちよう》勝元の豪奢な生活を次のように記している。「京兆の邸宅の床座《しようざ》器物の設備を見ると、殆んど王侯の家のようだ。前面には池水を湛え、梟《けり》・雁が飛翔し、亀・魚が泳いでいる。白い鶺鴒《せきれい》や碧《あお》い鸚鵡《おうむ》の類を黄金の籠に飼っている。思うに彼は龍安寺の義天禅師に参禅してほぼ奥儀を悟り、かつ慈悲の心を発し、飢民に食を与えて救済もしている。しかもこの園池を所有しているのだ」といって「当世、『衆人とともに楽しむ』というのは、只京兆のことか」と書いた。実に辛辣な皮肉である（碧山日録）。

なお、例の『塵塚物語』も勝元の生活を次のように描写している。

細川勝元淀鯉料理之事

応永よりこのかた管領三職の人々、以ての外に威をまし、四海挙《あげ》て崇敬する事将軍にまされり。これも御当家前代のうち、あるひは還俗の国主もあり、あるひは早世の君もあり。赤松がごとき君を殺し奉る逆罪の聞えもあり。その外の事大小となく、公方は耳のよそにきこしめして、万人三職のはからひにて、御家督の口入も取つくろひけるによりて、おのづから代々に勢をくわへ、万卒これにおそるゝ事虎狼のごとし。就《なかんずく》レ中去る管領右京大夫勝元は一家不双の栄耀人にて、さまざまのもてあそびに財宝をついやし、奢侈《しやし》のきこえもありといへり。平生の珍膳妙衣は申《もうす》に及ばず、客殿屋形の美々しき事言語道断なりと云々。此人つねに鯉をこのみて食せられけるに、御家来の大名、彼《かの》勝元におもねりて、鯉をおくる事かぞへがたし。一日ある人のもとへ勝元を招請して、さま〴〵の料理をつくしてもてなしけり。此奔走にも鯉をつくりて出しけり。相伴の三四人うや〳〵しく陪膳せり。扨《さて》鯉を人々おほく賞翫《しようがん》せられて侍るに、勝元もおなじく一礼をのべられけるが、「此鯉はよろしき料理」と計《ばかり》ほめて、外のこと葉はなかりけるを、勝元すゝんで、「是《これ》は名物と覚え候。さだめて客もてなしのために、使をはせてもとめられ候とみえたり。人々のほめやう無骨《ぶこつ》なり。それはおほやう膳部を賞翫するまでの礼也。切《(折)》角のもてなしに品《しな》をいはざる事あるべうもなし。此鯉は淀より遠来の物とみえたり。そのしるしあり。外国の鯉はつくりて酒にひたす時、一両箸に及べば其汁にごれり。淀鯉はしからず。いかほどひたせども汁はうすくしてにごりなし。是名物のしるし也。かさねてもてなしの人あらば、勝元がをしへつること葉をわすれずして、ほめ給ふべし」と申されけるとなり。「まことに淀鯉のみにかぎらず、名物は大小となく其徳あるべきもの也。かやうの心をもちて、よろづに心をくばりて味ふべき事」と、その時の陪膳の人の子、あるひとのもとにてかたり侍るとぞ。

勝元の生活が大変華美で、食道楽だったことを伝える逸話であるが、この話から見ても、彼は宗全のように剛腹な人物ではなく、もてなしに対する心くばりに気をつかうような大分こまかい神経の持主だったらしい。龍安寺の所蔵している勝元の木像を眺めても、一応の風采ではあるが、やはりいくらか神経質そうな顔つきをしている。

風雅と策略の細川一族

勝元がひとかどの教養や趣味を身につけたのは、前に述べたような細川家代々の家風によるものであり、さらに義政将軍の豪奢な生活を中心とする東山時代の文化的雰囲気が一層それを促したものに違いない。勝元の参謀格であり、阿波・三河の守護を兼ねた細川一族の重鎮、成之《しげゆき》のごときは、勝元よりも一層の教養人だった。成之は犬追物や蹴鞠もよくしたが、特に絵画は素人の域を越えた名手で、仏画は雪舟に学び、観音・達磨等の像を描き山水画も能くしたが、村田楽《でんがく》図や芙蓉《ふよう》・杜若《かきつばた》・麝香《じやこう》・榴《りゅう》実《じつ》（ざくろの実）などの図も知られていた。『扶桑名公画譜』には成之の描いた彩色の達磨像を「精神活動し、眼睛人を射る。唐宋名画と雖も豈之を企及せんや」と賞讃している。彼は和歌・連歌にも堪能で、三条西実隆・一条冬良・冷泉《れいぜい》為広・青蓮院《しょうれんいん》尊応准后《じゅごう》らの公卿・門跡の教養人とも歌道を通じて交際し、「道空百首」という家集があった。

連歌は宗祇や猪苗代兼載など当時一流の連歌師と付き合い、宗祇の「新撰菟玖波集」に道空法師の名で十五首入撰しているほどであった。猿楽にも趣味が深く、自邸で手猿楽（素人の能）を催しているし、延徳元年（一四八九）尊応准后が阿波勝瑞《しょうずい》の館に成之を訪ねた時は和歌の贈答をした上、猿楽の秘事などを尊応に語った。成之は分国阿波に慈雲院（丈六寺）という禅寺を建て、一丈六尺の観音座像を安置した。この伽藍および本尊は今も徳島市の郊外に見事な姿を伝えている。

文明十年（一四七八）四十五歳で出家して道空と称したが、世の常の入道でなく全く禅に心を傾けて晩年には完全な禅僧の生活を送り、慈雲院大川道空禅師と称せられ、永正八年（一五一一）七十八歳の生涯を終っている（後藤捷一氏「慈雲院道空細川成之伝」）。丈六寺境内にある墓も無縫塔《むほうとう》（卵塔《らんとう》）という禅僧の墓碑の形式である。有力な一族にこの成之のような当代一流の風雅の士を出していることからも、勝元をとりまく洗練された文化的雰囲気がわかる。

政治の面にもこうした気風が反映し、宗全のような思い切った武断的なやり方を避ける風があったようである。それは外記《げき》（朝廷の書記官）中原康富《やすとみ》の日記『康富記』に記されている次の小事件にもあらわれている。細川持常（成之の養父）の御内（近臣）に七条某という者があり、文安五年（一四四八）七月二十一日の夕暮れ、その七条の召し使う十六、七の小者が辻切りに斬り殺された。その小者の母親は七条の家に走って行って、「息子は幕府の奉行人飯尾加賀入道（為行、法号真妙）の元の家来に殺されました」といって泣き叫んだ。七条は怒って、加賀入道の邸に攻め寄せようとしたので、主君の持常はこれを止めて、加賀入道の邸へ使いをやって、このことは本当かと問合わせた。加賀入道の次男飯尾四郎左衛門尉は一族の飯尾肥前入道（永祥、為行の弟か）とともにその夜持常の邸に出向いて「これは全然関知しないことです」と申し入れたが、その夜は持常は深酒をしていて二人に逢わないで帰した上、折返し「下手人を差出して貰いたい」と催促したので、四郎左衛門は「われわれは事件に関係がない以上、下手人を出すことはできない。証拠があるなら見せていただきたい」といって断った。

持常は管領勝元に訴え、勝元からまた飯尾加賀・肥前の許に使を派遣して「たとい責任がないといっても、下手人を出して貰えれば、穏便に済ますように口入《くにゅう》（斡旋）しよう」と申し入れた。飯尾家では「管領の斡旋があったから下手人を差出したというのでは、やはり自分の小者が犯人ということになってしまうから、差出すことは出来ない」と拒絶した。

勝元は将軍義政にこれを訴え、義政は幕府へ肥前入道と四郎左衛門を呼びつけて、「下手人を出して無事に解決せよ。お前たちがやらせたのでないことは聞いて承知している」といった。彼らは「このように責められたため、全く関わり知らないことで下手人を出したとあっては、弓矢の義理が立ちません」と抗弁して退出した。義政からこれを聞いた勝元は、なおも「持常が承知しないから」といって迫ったので、とうとう二十三日の夜に、加賀入道・四郎左衛門父子は下手人なるものを義政の許に差出した。義政は勝元にこれを知らせ、勝元は持常にその下手人を引き渡した。

持常は下手人を見て、すぐに飯尾家にその男を返した。七条某は、「自分は下手人を見ていない」といって憤ったが、持常は七条に手紙をやって宥《なだ》めた。これで事件は一応解決したものの。二十五日の明け方になって、飯尾四郎左衛門は髻《もとどり》を切って家を抜け出し、遁世してしまった。遁世した原因は、将軍から口添えされたため無実のことで下手人を差出したのがくやしかったのか、あるいは父の加賀入道から下手人差出しを叱責されたためだろうと噂された。

この事件を聞いた中原康富は「希代《きたい》の事なり」と記し、「将軍が不肖のため大名の無理を御口入になるから弓矢の道が欠けるのだろう」と評言している（康富記）。勝元の言いなりになっている義政の態度もさることながら、勝元も一家の宿老持常の言う通りに動いているだけだし、その持常がまた家来の怒りを宥めるため、無理を承知で相手の飯尾氏に犯人差出しを要求し、勝元を通じて義政までそのために動かしている。しかも相手の飯尾家のおもわくを考えて、犯人なるものはそのまま相手方に返しているのである。結局勝元にせよ、持常にせよ、部下の面目を立てて穏便に済ますという体裁にのみとらわれて、事件の徹底的な糾明などは全く念頭になかったのである。

こんな小事件にさえ将軍を動かして面目を通そうとする勝元や細川一族のことだから、まして赤松家再興のような問題になると、自分たちは正面に出ず、あれこれと手を廻して目的貫徹のために策略をめぐらしたことはいうまでもない。これに対して山名方は、どこまでも武力で相手の謀略を挫こうとする傾きが強かった。

このような勝元の謀略と宗全の反発は、赤松氏や富樫氏の問題に限らず、畠山氏・斯波氏などの内訌にもあらわれ、さらに将軍家の家督問題にも両実力者が介入して問題をこじらせ、事態は一歩一歩両者の衝突へと進んでゆくのである。

分国の情勢

内衆の行動

将軍義政のもとで有力な大名は大いに勢力を強め、ことに勝元や宗全のような実力者は一族を擁して幕政を左右する動きを強め、義政の抑えはきかなくなっていったのであるが、その反面、細川持常が御内《みうち》の家臣七条某の怒りを宥めるため、幕府の奉行人飯尾氏に下手人差出しを強要したように、いくら有力な大名でも内衆とよばれる直属の家来の要求を無下《むげ》に抑えつけることはできなかった。それは結局三管領四職以下の守護大名の分国統治の仕組みの中で、それらの内衆がきわめて重要な役割を担っており、大名の政治権力を直接支える働きをしていたからにほかならないと思われる。では、それらの内衆が実際にどのような役割を担い、どのように勢力を張ったかを、細川氏の場合について調べてみよう。

明徳の乱の結果、丹波が細川氏の分国になると、細川家ではこの分国を支配するため庶流一族の細川遠江守頼益を丹波守護代に任じたが、頼益は現地に赴任せず、小笠原正元、さらに田村新左衛門入道常忠《じょうちゅう》という被官を又守護代（守護代の代官）として派遣して実務に当たらせた。

この又代小笠原や田村は、丹波国内の荘園の代官などを抱きこみ、各荘園の中へ圧力をかけて、強引な課税や人夫徴収を行なった。そのころ東寺領の丹波国大山荘では、応永十四年（一四〇七）荘内の一井谷村の農民が領家の東寺に申状（陳情書）を出して、この荘園の代官の罷免を要求するとともに、一斉に逃散《ちようさん》（逃亡）した。その申状の中で百姓等は、今年は殊に作柄が悪いのに代官は重い年貢をかけたこと、また東寺から守護方への段銭を支払う必要がないと言われているのに、代官はこれを徴収したこと、守護方からかけられた人夫や粮米についても代官は少しも百姓を保護せず、要求されるまま徴収して守護方へ差し出したことなど、代官の数々の不法行為を列挙した上で、次のように結んでいる。「御代官の非法により、御百姓等は術計が尽きまして、このように逃散いたしました。御寺の御保護・御たすけにあずかって帰り住みたいものです。しかし前の代官に御知行なさるのでしたら、ながく帰還いたすことはできません。この代官の罪科非法が多いので、かように申し上げるのです。別の御代官を直接御寺から派遣されて、御百姓を御たすけ頂ければ有難いと思います。守護方を御かたらいになって、大山荘の領内へ百姓らを召し捕えにこられると聞きましたから、驚いて方々他国へ立ちのいたのです。この旨を御伝え下さい」（東寺百合文書《ひやくごうもんじよ》に）。このように細川被官の勢力浸透は分国内の農民の間に根強い抵抗運動をひきおこしたので、応永二十年（一四一三）ごろ、細川満元は又守護代による間接支配をやめて、讃岐出身の香西《こうざい》豊前入道常建《じようけん》という御内の家臣を丹波守護代として直接国内に派遣し、一層強力な支配を行なわせようとした。常建は同二十九年（一四二二）に没し、近親の香西豊前守元資が守護代になった。

ところが丹波には、内藤・荻野・久下《くげ》・中沢などという、鎌倉時代以来の地頭の子孫である国人たちが頑張っており、このうち大山荘の付近では中沢氏が勢力を張っていて荘民の抵抗に加担し、守護代香西元資の思うままにはならなかった。永享三年（一四三一）七月、細川持之は丹波守護代のことを将軍義教に申し上げたところ、義教から「香西の政道は以ての外、正体ないから譴責せよ」といわれた。政道が正体ないというのは、おそらく讃岐出身の香西氏では、丹波の国人や名主の抵抗が大きくて、幕府の命令で当時造営中の丹波篠村《しのむら》八幡宮のための段銭徴収などがうまくできなかったためらしい。そこで持之は義教の許可を受けて守護代を香西元資から内藤備前入道に交替させたのである（満済准后日記）。

内藤氏は丹波の出身で細川の内衆になり、明徳年間には摂津守護代を勤めた家であり、応永二十九年（一四二二）には内藤八郎というものが管領満元の口入《くにゅう》（斡旋）で東寺領摂津垂水荘の請所《うけしょ》代官になっていた。内藤備前はこうした一族の勢力をてこにして、本国である丹波に乗り込み、強力に段銭徴収をやり出した。同じ年の十二月、大山荘に篠村八幡宮造営段銭および守護要脚段銭をかけられたため、荘官が東寺に提出した出費の報告書によると、未進のとき催促の御使の使料、段銭御使入目《いりめ》（出費）雑事、守護殿への御礼分、両奉行殿（段銭奉行二名）への礼分、中沢氏が催促使に詫言を言ってくれた御口入《ごくにゅう》（斡旋）の礼分、催促使滞在中の色々の入目などという種々の出費が記されている。

これを見ても守護代内藤氏がいかに強引に催促使を各荘園に送り込んで、幕府や守護のかけた段銭の徴収を強行したかがわかる。

永享八年（一四三六）大山荘一井谷百姓らは、領家東寺に対して、「そもそも当国出雲宮の段銭をかける国奉行は守護代（内藤備前入道）が責任者の由ですが、『当荘にはかようの段銭を免除する』という御判が下っている由を聞いております。早く管領様（細川持之）に申されて免除の通達を出して頂くべきであります」と訴えて、内藤の強引な段銭徴収に反対し、東寺から管領持之への免除を要請するように願い、そして、「もし段銭を出さなければならないとしたら、今度逐電した百姓の分や、所有者のない分、荒れ田で収穫皆無の分などは、お寺で支払って頂きたい」と要求した（東寺百合文書に）。けれども、この頃にはすでに大山荘の代官は守護方の被官になっている稲毛入道だったから、百姓の要求は通るわけもなかった。

このように内藤備前入道の強硬方針は、分国内に抵抗運動をひき起こしているものの、備前入道はこれを押しきって強引な徴税を行ない、それ以後も盛んに段銭や夫役をかけ、自分の手下になっている稲毛入道のような在地の武士を通じて徴収した。次の管領勝元の時代になると、この備前入道の子息と思われる内藤備前守貞正が守護代となって、引き続き国内に勢力を伸ばし、やがて応仁の乱が勃発すると貞正は細川勝元の有力な部将として丹波の軍勢を率いて活躍するのである。

寒川常文

山城国内に進出した細川内衆のなかに寒川氏《さんがわ》があった。寒川氏は讃岐寒川郡の国人で、早くから細川氏に属して活動し、観応の擾乱に際しても、寒川次郎太郎が細川顕氏に属して上洛し軍功を挙げた。応永年間の寒川出羽入道常文《じょうぶん》は、本拠の寒川郡にある東長尾荘地頭方の地頭のほかに、醍醐寺領同荘領家方の請所《うけしょ》代官を兼ねて本国讃岐における地盤を拡げたが、一方では京都の西郊にある東寺領山城国上久世荘《かみくぜ》に進出して、この荘園の公文職《くもん》（荘官の職名）であると称し始めた。

この荘園には山城国人の真板《まいた》（舞田）康貞が本拠を構えていて、前々から公文職を勤めていたから、真板氏は領家東寺に寒川常文の押領《おうりょう》を訴えたが埒があかない。というのは常文は管領細川満元のもとに仕えて、満元の政務を扶けている内衆の一人だったからである。例えば応永二十九年（一四二二）、満元の御内の内藤八郎が満元の口入で、細川分国の摂津にある東寺領垂水荘の代官になったとき、満元は内藤の東寺に毎年支払うべき年貢の契約額などの折衝を寒川常文にやらせており、常文は細川分国に関するそのような実務を担当していたことがわかる。

このように常文は細川内衆の有力な一人だったため、真板氏は百姓を味方にして東寺に押しかけて陳情し、かつ幕府に訴訟を提出して寒川の不当を鳴らしたけれども、どうしても寒川を上久世荘から追い出すことはできない。そのため、真板は細川氏と対立している畠山氏の被官になって、寒川に対抗することとなった。こうして山城の一角では荘園をめぐる対立が細川・畠山の対立と結びついて争われることとなった。そのうちに、寒川氏は上久世荘内に館を構えていすわったが、同荘を完全に押さえることはできず、結局寒川氏と真板氏との対立は応仁の乱まで継続することとなる。

安富氏の非法

寒川氏よりも一層有力な細川内衆に安富《やすとみ》氏がある。安富氏は上総国から起こったといわれるが、南北朝時代の前半には室町幕府の奉行を勤めている家柄だった。この安富氏は細川頼之に仕えてその御内になり、讃岐に所領を与えられ、さらにやはり関東御家人の子孫といわれる香川氏とともに讃岐の守護代に起用され、安富氏は讃岐東半国、香川氏は西半国の政務を担当するようになる。

しかし安富氏の嫡流は、やはり在京して管領家の側近に仕えて活動していた。明徳三年（一三九二）、管領細川頼元の御内、安富安芸守・又三郎盛衡父子は、祇園社領備後国小童《こわらわ》保《ほ》に対する同国々人石田一族と広沢氏の押領事件について、祇園社から依頼されて、管領頼元と備後守護細川頼長への訴訟を取りつぎ、頼元・頼長の命を受けて備後守護代三谷次郎左衛門尉に宛てて「下地を祇園社に引渡すように」という奉書を書き送り、祇園社にもその旨を通知している。

管領満元の代には安富入道宝城という者が御内として活躍し、応永十五年（一四〇八）には満元の口入《くにゅう》で、東寺領備中国新見《にいみ》荘領家方の請所代官職を年貢百二十貫文の契約で獲得した。この新見荘についてては杉山博・高尾一彦ら諸氏の研究があるので、それらを参考にして見てゆこう。安富宝城は応永二十七年（一四二〇）には同荘の給主である東寺の僧覚勝院宣承にも三十貫文支払う契約を結び、合計百五十貫文を東寺に毎年納入することとなった。

この荘園の地頭方は新見氏という土着の国人が地頭であり、前々からその勢力が領家方にも及んでいたので、東寺では困っていたのだったが、宝城は契約額通り毎年きちんと約束の年貢を納めたので、東寺側では大いに安心して管理を宝城に任せていた。ところが実は宝城は又代官を現地において荘内の百姓に色々の名目で重い課役をかけては儲けていたので、荘民の苦しみは大きく、逃散するものも少なくなかった。たまたま応永三十三年（一四二六）十月、細川満元は腫物をわずらったので、宝城は主君に安富家家伝の「抜き薬」（腫物の膿を抜く膏薬であろう）を進めたが、この薬をつけた満元はかえって容体が悪化して亡くなってしまった。宝城はこの重大な過失のため、将軍義持の勘気を蒙り、申し訳ないといって高野山に籠った。そこで東寺ではこの機会に新見荘に対する宝城の請負契約を解除して、寺家の直務《じきむ》（直接管理）に移したいと思って、幕府の蔭の実力者三宝院満済《まんさい》に細川家へのとりなしを頼んだ。しかし満済が「細川家は喪中でいろいろとたてこんでいるから、今そんな要求を持ち出すのはまずいだろう」と言って断ったので、東寺では交渉をあきらめて、時機を待つこととした。

東寺の態度がにえきらないので我慢できなくなった新見荘の百姓は、翌年四月代表を上洛させて東寺に訴状を提出し、安富宝城の非法の数々を訴え、「早く罷免して貰いたい」と陳情した。東寺は、満済にその訴状を披露して再びとりなしを依頼したが、やはり満済は承知しなかった。

宝城は前将軍義持の死とともに再び京都に戻ったらしく、この年、正長元年（一四二八）の末にも新見荘の代官職補任を所望したが、翌永享元年（一四二九）ごろからは、一族の安富筑後入道智安《ちあん》（はじめ筑後守）が代官職を受け継ぎ、やはり百五十貫で請負った。智安は宝城と同様、京兆家の有力な内衆で、備中守護家の細川氏久の支配下にある備中国衙領《こくがりょう》の代官でもあった。彼は宝城の子息かも知れないが、明らかでない。

備中守護家では明徳年間の初代満之以来、荘《しょう》・石川の両氏を守護代として備中の実務に当たらせていたが、時の守護氏久は国衙領を京兆家の内衆である安富氏に請負わせたのである。この国衙領は新見荘の東西および南十里の間にわたり、年貢一万六千貫という広大な領地だった。国衙政所は新見荘の隣の多治部《たじめ》郷にあり、智安はこの政所を拠点として、ここに又代官大橋某を常駐させて備中北部を支配し、そのかたわら新見荘をも支配したのである。彼は初め十年間ばかりは契約通り百五十貫の年貢を東寺に納めたが、嘉吉元年（一四四一）からは毎年未納を重ねるようになった。東寺からいくら催促しても智安は応じないばかりか、享徳元年（一四五二）から康正元年（一四五五）まで四ケ年間のごときは鐚《びた》一文も納入しなかった。

嘉吉元年は将軍義教横死の年であり、その翌年は智安の主君細川管領家（京兆家）で持之が亡くなり、勝元が当主になった年だった。ちょうどこのころから智安が急に新見荘の年貢を滞納するようになるのは、おそらく、もはや少々のことでは将軍家からも主君からもとがめられないと高をくくったためだろう。だがもう一つの原因は、新見荘内の三職といわれる田所《たどころ》大田・公文《くもん》宮田・惣追捕使《そうついぶし》福本などの地侍がほとんど安富の被官になったせいであったらしい。東寺では長禄二年（一四五八）新見荘地頭方を領有する相国寺の本都寺《つうす》をひそかに代官としたが、そんなことでは荘内の地侍を手下にしてしまった智安に対抗できず、ほとんど何の効果もなかった。長禄四年すなわち寛正元年（一四六〇）までに智安の未進額は二千二百貫余に上った。嘉吉元年以来二十年間の年貢を僅かに三割足らずしか納入せず、七割以上も着服した勘定になる。

名主百姓の安富排斥運動

しかしこの年の五月、備中守護細川氏久が亡くなり、その嫡子勝久が守護家を相続すると、智安はこれを機会に国衙領代官職を解任されて、同じく京兆家御内の薬師寺氏がその後任になった。国衙領から安富の勢力が後退した機会を捉えた新見荘領家方の百姓は、早速安富の解任を東寺に要求したが、東寺は何の処置もしないので、彼らは寛正二年（一四六一）六月、安富の又代大橋に全面的に協力していた田所大田中務《おおたなかつかさ》を追い出すとともに、翌七月「新見庄御百姓等」と署名した申状《もうしじょう》を東寺に提出した。それには「抑《そもそも》備中国新見荘の領家御方は、守護方の安富殿が知行しておりますが、去年御百姓等は直接寺家より御代官を下して御管理下さいと、しきりに申しました。ところが、そうなさろうとせず、御代官を御下しなさらないのは、一向御領を御領ともおぼしめされないものと、歎かわしく存じます」と東寺の手ぬるさを非難し、「かように御百姓らは寺家を寺家と存じ上げていますのに、寺家ではそのお計らいがなく、現在のように代官は誰でもよいと、別人に請負わせて、現地を手放されるなら、御百姓としては、なん年かかろうとも承知できないことです」と安富のみならず請所そのものに反対して、寺家の直接支配を要求している。続いて八月にも名主《みようしゆ》百姓四十一名の連署した同じ趣旨の三ケ条の起請文《きしようもん》を提出して、東寺に安富智安解任を迫った（東寺百合文書江）。

東寺は三職・名主百姓の強い要求に突き上げられて、ようやく智安のそれまでの契約違反を幕府に訴え、新見荘の直接支配を認めて貰いたいと願い出た。時の管領は細川勝元だったが、さすがに安富智安の莫大な未進はまぎれもない事実なので、幕府は「請所をやめて直務にすることを保証する」という奉書を東寺に下した。しかし一方管領勝元からは、やはり安富智安を代官にして欲しいと口入《くにゆう》してくる始末だった。

東寺では直務安堵の奉書を受けると、まず荘内状況視察の上使として、十月に寺僧祐成・祐深の二人を派遣した。二人の上使が到着すると、公文宮田家高、惣追捕使福本盛吉と、地侍の金子衡氏《かねこひらうじ》が上使を歓迎し、全面的に荘内実情調査を助けた。彼らは長年安富智安の被官になっていたが、六月以来、情勢の変化に敏感な対応を示し、名主百姓に同調して、安富の又代大橋に協力していた田所、大田中務の追出しに一役買った上、両上使に協力して、荘内における勢力維持を図ったのであり、ことに金子は、東寺から正式に田所職に補任してもらおうという下心から、一番熱心に両上使に協力した。翌月、三職は両上使と連名で「再び管領様（細川勝元）より安富智安を代官に御口入（斡旋）になったことは国許でも知れ渡っていますが、もし御承諾になるとしたら、三職ならびに名主百姓らの難儀はこの上もない事です。万一、公方様（将軍義政）の御下知または管領様の御口入に屈して、智安なり別人なりを請所代官とする契約を結ばれるならば、荘民は一斉に逃散した上、一切東寺の御成敗に随わないという誓約を度々行なっていることを申し上げます。国許のことは御安心なさってよろしい。たとえ弓矢に訴えても敵を荘内へは立ち入らせない決心です」という注進状を、祐成・祐深の実情報告書とともに東寺に送った（東寺百合文書サ）。

智安は巻き返しを計って主君勝元に頼んで代官再任を運動するとともに、備中国衙領の国人らをそそのかして新見荘に乱入させ、実力でこの荘園を奪還しようとしきりに画策した。しかし、三職・名主らは「三職・地下人等の一ぞくうちよらば甲《よろい》の四五百もあるべし」という武装をととのえ、あくまでも阻止の決意を固めているし、安富方の頼みとしていた多治部・山本・福本・古屋らの国人たちも、智安が国衙代官職をやめた以上、少しも安富方に協力しようとせず、逆に三職・名主側に内通して、智安が彼らに送った書状の文面をそっくり三職方へ知らせるという有様だったので、智安の画策は成功しなかった。

荘内の名主百姓が、これほど堅く団結して安富智安排斥を貫いたのは、智安とその又代官大橋の苛《か》斂誅求《れんちゅうきゅう》ということもあるに違いないが、一つには東寺の直務代官のもとでなら年貢課役の減免が容易にできることを見越していたからにほかならなかった。そのため、東寺が寛正四年（一四六三）祐《ゆう》清《せい》という寺僧を代官として派遣すると、名主百姓らは東寺の厳しい年貢公事取立てに反対し、結局、祐清が一番強硬な名主豊岡を追放するに至って、豊岡の仲間である地頭方名主の谷内・横見らはついに祐清を囲んで斬り殺してしまったのである。

智安が新見荘を抛棄しなければならなかったのは、このような地侍化しつつある在地の有力名主のリードする荘民の抵抗によるには違いないが、同時に智安自身にも支配の仕方に弱点があった。彼は三十余年にわたって備中国衙領支配と新見荘支配を続けたにかかわらず、自分は現地に又代を派遣して郷村土着の国人たちから年貢を取り立てて、京都に送らせるという徴税請負人の立場に満足していて、少しも在地に根を下した本格的な封建支配を築き上げようとしなかったのである。だからいったん智安が代官職をやめると、それまで安富被官と称していた国人たちも、一斉に彼から離れ去り、智安の再任運動に全然協力する動きを示さなかったのだった。

しかし智安は決して新見荘支配をあきらめきったわけではないし、それより第一、この国の守護細川勝久や守護代荘・石川らは、新見荘に代官祐清殺害事件がおこると、守護の被官になっている新見荘地頭方代官多治部氏とともに犯人の谷内・横見らをかくまったのをはじめ、東寺支配の弱体に乗じて新見荘に支配力をのばすことに努めた。東寺も寺僧を代官にすることは諦めて、本位田家盛という侍を代官に任命したが、翌寛正五年（一四六四）、守護勝久は管領勝元を通じて、安富氏または守護の被官新見氏などを請所代官にするようにと東寺に圧力をかけ、傍ら幕府から賦課した御譲位段銭を新見荘にもかけて、大勢の武士を従えた譴責使を荘内に入部させた。こうして安富智安の巻き返し運動のほかに、守護細川勝久の被官になっている附近の国人新見氏・多治部氏などが、台頭してきた名主百姓を制圧しようとして、荘内進出の機会を伺い、情勢不穏の続くうちに京都で応仁の大乱が起こる。そのため、複雑な在地の対立をはらんでいた備中一帯はたちまち戦乱にまきこまれてゆくのである。

京兆家の分国讃岐

さて、智安は備中国衙領と新見荘から、いったん退去したけれども、彼は地方の支配力を全然失ったのではない。彼がしばしば新見荘に再進出を計ったのは、京兆家の重臣だっただけでなく、実は讃岐守護代をも兼ねていて、備中から瀬戸内海を距てた隣国に足場を維持していたためでもあった。

大体讃岐は細川宗家、すなわち京兆家の分国の中でも最も重要な地盤であり、永享三年（一四三一）細川持之が清水堂領の同国坂田郷の直務支配を廃止して守護請にしたいと、満済准后を通じて将軍義教に願い出たとき、持之はその理由として「殊に讃岐国の事は、丹波・摂州様《よう》の事あるべからざる間、一段執心《しゅうしん》」の旨を申し立てたくらい、歴代の京兆家は讃岐の経営に力を入れていた。内衆のなかでも重臣の安富氏と香川氏をそれぞれ東七郡と西六郡の半国ずつの守護代としてこの国の実際支配に当たらせていたのもそのためだった。しかし、讃岐でもさすがに在地の国人がしだいに勢力を強め、しかもその下から名主百姓の台頭してくる勢いは避けられなかった。

　ことに現在の高松市香西《こうざい》町を本拠とする香西氏の勢力伸張は著しかった。前に述べたように香西常建・同元資は、応永二十年（一四一三）ごろから永享三年（一四三一）まで二十年近くの間、丹波守護代を勤めていたくらいであるが、本国讃岐でも香西氏は安富氏管下の香西附近だけでなく、香川氏管下の西讃岐にも勢力をのばし、上述の元資の子息かと思われる香西豊前（実名不詳）は永享年間に賀茂御祖《みおや》社（下賀茂社）領の仁尾浦供祭所《におうらぐさいしょ》の請所《うけしょ》代官となっていた。永享十二年（一四四〇）代官香西豊前は仁尾浦の供祭人（下賀茂社に魚類を納める漁師）たちに、一国平均徳役《とくやく》（一種の営業税）のほか、和州御陣兵粮米・使者雑用などの臨時の公事《くじ》（雑税）をかけた。翌嘉吉元年（一四四一）、守護代香川修理亮は供祭人らに舟を出すように命じたので、二艘出船したところ、香西豊前は船頭を折檻して舟を没収した上、さらに徳役・兵船などを徴収し、しかも豊前の親父（元資か）が逝去したからというので、その葬儀費用の徳役まで責め取った。こういう具合で、嘉吉二年（一四四二）には前年以来の課役が三百余貫に達したので、仁尾浦供祭人たちは代官香西豊前の罷免を要求して嗷訴《ごうそ》し、在所を逃散してしまった。ちょうどこのころ、管領兼守護の細川持之が亡くなり、勝元が守護を継いだ。勝元は奉書を下して豊前の非法を戒め、供祭人の還住に努めたが、豊前は非法をやめず、供祭人らは再び賀茂社に訴えて豊前の排斥を続けた。この事件の結末はわからないが、讃岐は香西氏の本国だけに、領民の嗷訴や逃散による抵抗を押し切ってますます在地に勢力を築いたものと思われる。

一方、安富智安も讃岐には一族を駐屯させて勢力拡張に努めたようである。智安がいつごろ讃岐東七郡の守護代になったかは明らかでないが、讃岐二ノ宮大水上《おおみなかみ》神社に伝わる造営記録の写によると、永享十一年（一四三九）の「両守護代」として、「香川上野之助（上野介）・安部（安富の誤り）筑後守」の名が記録されており、この筑後守は智安のことに違いない。智安は讃岐には一族の安富左京亮盛保・安富山城守盛長らを常駐させて東半国の支配に当たらせており、盛保が享徳元年（一四五二）同国三木郡の和爾賀波《わにかわ》神社に奉納した三十六歌仙絵図六枚が現在まで伝わっているし、一方、盛長は大川郡に雨滝城を築いて居城としたといわれ、また応仁の乱に際し、京都の細川勢の中で活躍する安富民部少輔元綱は盛長の子と伝えられる。

長禄四年（寛正元年、一四六〇）十二月、この国の守護をも兼ねている管領細川勝元は讃岐一ノ宮の田村神社に取り締り法規を出したが、それは「讃岐国一宮田村大社壁書之事」という題の二十六ケ条にわたる法令で、長さ二メートル余りの板に彫られた原物が今もこの神社に保存されている。この壁書の一番終りには、「奉行安富筑後入道智安、社家奉行安富山城守盛長、社家奉行林参河入道宗宜、社家奉行安富左京亮盛保」の署名が連なり、一番後に「右京大夫源朝臣」という勝元の名前とその花《か》押《おう》（書判）が彫ってある。二十六ケ条の内容は神官・供僧《ぐそう》らの職務や祭礼・講会《こうえ》を始め、社領や神官・供僧の相続方法、境内の保護・維持などにわたる規則であるが、例えば社領の売買は厳禁し、社領への所役は守護が許可したものだけとし、社領に関する争いは必ず社家奉行を通じて守護に訴え出ることと定め、また神官・供僧らの所職は守護の下知状を要することとし、相続は単独相続とし、その後継ぎを別人に代えるためには守護の許可を要するなど、厳重な統制がしかれている。

さらに火災や盗難の防止や外部のものの宿泊禁止など、色々とくわしい規定を設けて秩序維持を計っている。このように安富智安は細川勝元の奉行で、讃岐守護代を兼ねており、彼は細川家の社家奉行を兼ねる一族の盛保・盛長および林宗宣とともに讃岐の統治を担当していたのである。この壁書の出された寛正元年は、智安が備中国衙領代官をやめた年であり、彼は備中からは手を引いたものの、讃岐には細川勝元の権威を後楯としてますます勢力を張ろうと努めていたことがわかる。やがて応仁の乱がおこると、安富盛保は香川五郎次郎とともに讃岐の軍勢を率いて上洛して京都の合戦に参加し、一方智安は動乱につけ込んで、被官の長町掃部を代官として備中新見荘に入部させようとするのである。

摂津の国人池田充正

安富氏や香川氏とならんで重要な役割を担った細川御内の重臣に薬師寺氏があり、これは摂津守護代になっている。薬師寺氏も先祖は関東御家人であり、北関東の大豪族小山《おやま》氏の分れだったらしい。南北朝時代には室町幕府の引付方奉行や、高師直の武蔵守護代として薬師寺氏の名が見られるが、やがてその一族に細川氏に仕えて内衆になるものが出たのである。京兆家の分国の一つである摂津は、管領満元のときは長塩氏が守護代になっているが、永享元年（一四二九）、持之が京兆家を継いだころから守護代として薬師寺出雲入道の活動が知られる。これ以来、長塩・薬師寺両氏が守護代として見えており、摂津も東西に分けて、この両氏をそれぞれ半国ずつの守護代としたものらしい。

そのころ摂津の国内には三宅・芥川・吹田《すいた》・伊丹《いたみ》・池田・河原林（瓦林）などという国人たちがあって、細川氏の被官となりながらしだいに近隣の荘園に勢力をのばしていた。東寺領垂水《たるみ》荘の代官になった榎木氏も小さいながらそうした国人の一人だった。そこで嘉吉二年（一四四二）垂水荘の番《ばん》頭《とう》・百姓らは代官榎木慶徳の排斥運動を行なった。番頭というのは公事課役を徴収するため荘園をいくつかの番に分けた各番の責任を負う名主で、一種の下級荘官である。細川勝元は領家東寺の訴えによって、この代官排斥の首謀者であった三人の番頭を追放し、その闕所を榎木慶徳の子通重に宛行うとともに、もしも荘民が必死の反抗を起こした場合は、慶徳父子では鎮圧しきれないのを考慮して、近隣の伊丹・池田・吹田の三氏に対して「万一の際は榎木を援助するように」という命令を下している。

勝元から榎木援助を命じられた有力国人の一人池田氏は、池田筑後守充正《みつまさ》というものであり、大阪平野の北隅、現在の池田市を本拠とする国人であるが、同時に相当の富豪であった。応仁の乱の前年に当たる文正元年（一四六六）閏二月のこと、将軍義政の政治顧問として活躍していた相国寺蔭凉《いんりよう》軒《けん》主の季瓊真蘂《きけいしんずい》西堂は、義政から休暇を貰って摂津有馬の温泉に湯治《とうじ》に赴いたが、このとき李瓊の滞在した宿屋の隣りの宿屋には安富氏の一族勘解由左衛門が泊り合わせており、同じ宿には池田充正も湯治に来ていた。季瓊は安富勘解由左衛門と親交があり、この滞在中もよもやまの話を交わしているが、勘解由左衛門はまた池田充正とも付き合っていた。そのため季瓊は充正の噂を聞き、また充正の入浴に出てきたところを縁越《えん》しに見た。季瓊はその日の日記に「四方からここへやって来るものは千人万人もあるが、その中で池田が注目されるのはなぜかというと、それは富貴栄華の家だからだ。およそ富貴は人の欲するところであり、その名を聞いてその人を羨むのは人生の常である。だが私は山野雲水の徒だから、何で池田の富貴などを少しも気にしようか」と、妙な負け惜しみを書きながら、その口の下から「池田は一ケ月に高利貸の儲けが千貫文（現在の七千万円以上）あるから、一年では一万二千貫文ということになる。一年間に米でも一万石の収入が上るそうだ」と、さも羨ましそうに書いており、しかもよほど気になったと見えて、四日後の日記にも、「当国池田筑後守の子は民部丞といい、もっとも富貴無双である」という噂を書きとめている。（蔭凉軒日録）。

たしかに池田充正は、武士でありながら高利貸で大いに儲けていた男である。池田の東約四キロのところに春日社領垂水牧の一部である桜井郷があったが、充正はその富力でこの桜井郷に支配の手をのばしていた。長禄三年（一四五九）からは大飢饉で、桜井郷もほとんど収穫皆無のため、春日社に納める神供料が上納されなかった。同郷の代官である春日社家の大東延雅《おおひがしのぶまさ》は、やむをえず自分の代官職を担保にして池田充正から三百余貫（現在の二千数百万円）の融資を受けて神供料を納入した。延雅はこの借銭を返済できず、寛正二年（一四六一）、元利合計四百余貫となったので、充正は桜井郷の下地を押収して、自分の知行分に編入してしまった。

ところが、春日社および同社領は興福寺の支配下に属しているので、興福寺の学侶方は、延雅が社領を勝手に質に入れたのは不当だといって延雅の神職を罷免し、同時に桜井郷を興福寺が直務《じきむ》支配（直接管理）に移すことを決めて、池田充正に桜井郷の引き渡しを要求した。もちろん充正は引き渡しを拒絶した。そこで興福寺は、同年ちょうど起こっていた摂津国内に関する他の二つの事件とともに、三項目の要求を掲げて大訴を起こすこととした。

その二つの事件というのは、春日社領六車郷と勝元の被官田能村大和守が代官をしている田能村荘との用水管理権の係争問題、および興福寺領兵庫関の入港船舶に勝元が摂津守護の資格で不当な過所《かしょ》（無料通行証）を与えたという問題である。興福寺は全寺の僧侶をあげて大集会を催し、春日社頭を閉門して神木《しんぼく》を動座し、幕府に勝元およびその被官池田・田能村の不当を訴えた。興福寺の嗷訴を受けた幕府は、その要求を全面的にいれることとし、桜井郷については九月五日「池田充正の干渉を差し止め、債務を破棄して下地を寺家の直務にすべし」という判決が下った。

こうして興福寺は勝訴し、十一月には下地の接収も完了したが、これでは池田は丸損だから、簡単に諦めてしまう筈もなかった。やがて興福寺は大東延雅を神職に復したので、翌寛正三年（一四六二）

九月、管領細川勝元は、「延雅を赦したからには、当然さきの負債額を池田に支払うか、さもなければ池田を代官に任命すべきだ」と興福寺に申し入れた。これは充正が主君勝元に運動したために違いない。興福寺の大乗院門跡《もんぜき》尋尊は、「池田に代官職を渡すことはもっての外だが、細川方の要求ももっともなことだ」と言っているが、学侶方は勝元の要求をはねつけ、成身院陽舜房律師という寺僧を代官として直務支配を続けた。ところがその後二、三年のうちに、陽舜房はまたしてもさきの大東と同様、桜井郷の代官職を担保として池田充正から借銭をしたので、代官職はまたしても充正の手に渡った。その年月ははっきりしないが応仁の乱の少し前のことだったらしい。

再び代官職を池田に取られたことを知った興福寺は、今度は学侶自身の中から任命された代官がやったことなので、さすがに神木動座の嗷訴のといって騒ぐわけにも行かず、まず細川方に引き渡しを要求したが、陽舜房が池田としめし合せて池田の肩をもつのでうまく行かない。結局興福寺では、摂津守護代の薬師寺元長に運動することとし、元長に十貫文（今の七十万円あまりに当る）の運動費を贈って、池田を説得するように頼み込んだ。元長は「池田の従兄弟の矢野又八という者にも運動費を出してくれれば、池田に意見しよう」と言ったので、又八なるものにも十貫文贈った。そこで元長は矢野を通じて充正を呼び寄せ、桜井郷から手を引くようにと説得を加えるとともに、主君勝元に頼んで「桜井郷を興福寺に返還すべし」という書下《かきくだし》（通達）を出して貰ったので、充正はようやく桜井郷から退去した。興福寺は元長に事件解決の礼として再び十貫文贈与したから、桜井郷取戻しのために計三十貫の運動費を支出したことになる（大乗院寺社雑事記・多聞院日記）。

この紛争で注目されるのは、池田筑後守充正が勝元被官の摂津国人でありながら高利貸を兼ねていて、その富力によって一郷をそっくり抵当に取って代官職を手に入れていることがその一つであり、この場合は興福寺・春日社領なので、相手が悪くて池田は当面成功しなかったが、おそらく同様な方法で随分勢力を拡げたに違いない。応仁の乱後のことらしいが、現に充正は一代の碩学《せきがく》として有名な前関白一条兼良《かねら》から一条家領の摂津国の島下郡大田保公文職をそっくり買い取っている事実がある。もう一つは、京兆家の内衆で摂津守護代の薬師寺元長が興福寺から賄賂《わいろ》を貰って、自分の指揮下にある国人池田の勢力発展をおさえていることである。これも高利貸で儲けるのに劣らず武士らしくないことのようだが、当時は元長に限らず、将軍や管領の権力につながりのある連中の間では、運動費を持って来て依頼されたことは骨折ってやるのが当然というようになっていて、コネと金とのくされ縁が支配者層の間にしみ込んでいたのであって、元長だけを非難してもはじまらない。しかし、それにしても、細川氏の分国摂津の政務を担当する薬師寺元長が、決して国人を心服させるような守護代でなかったことは間違いない。

まもなく風雲急をつげて、両軍が京都に兵を集めると、池田充正は馬上十二騎で、千人ばかりの野武士（野伏）を引き連れて上洛し、細川方の陣に加わっている。この野武士はもちろん充正が例の富力でかき集めたものに相違ない。さらに池田は大乱中の文明五年（一四七三）十一月には本国で薬師寺元長と対戦しており、さきに賄賂を貰って自分を抑えた元長のやり方を恨んでいたことも確かだった。そこで大乱のどさくさに紛れて、今度は武力で桜井郷を乗っ取ってしまうのである。

動乱へのきざし

以上ひとわたり観察したところからもわかるように、細川氏の広大な分国は表面上はよく治まっているように見えた。しかし細川内衆の家来たちが国々の守護代・奉行や多くの荘園の請所代官として派遣され、管領細川家、ひいては幕府の権威をかさに着て段銭や年貢・課役を盛んに取り立て、細川家を富ませるとともに自分達もおおいに私腹をこやし、国人や百姓から反発を招いていた。

もちろんこれは細川家の分国に限るものではない。山名氏の分国でも、例えば持豊（宗全）は赤松満祐討滅の恩賞で播磨が分国になると、嘉吉元年（一四四一）十月、内衆の有力者垣屋某を守護代として播磨に入部させ、さらに各郡に郡代を配置して播磨国内の荘園に盛んに支配の手をのばしていった。東寺領播磨国矢野荘では、寛正二年（一四六一）田所家盛の給田・作分などは守護使・郡代のため押領され、また連年公用銭・役夫工米・勘料・要脚段銭などを用捨なく取り立てられている。このような分国支配には少しも民生安定の方策などはなく、富国強兵の意気込みも全く見られない。分国や荘園を私物視して重税をしぼり取ることに終始する限り、畿内・近国の守護や守護代は、郷村に根を下ろして農民の上に勢力を拡げつつある地頭・荘官などの国人や有力名主との利害は一致しない。

当座の被官関係をこしらえたにしても、結局利害は相反し、対立は大きくなるから、より緊密な本当の意味の封建的主従関係を植えつけることは困難だったのである。

しかしながら国人にとっても勢力の維持・発展は決して容易でなかった。彼らの基盤としている郷村の中に大きな変化がおこり、有力名主を先頭とする農民が郷村の寄合《よりあい》を通じてしだいに団結し、領主の不当な要求には強訴・逃散をもって反発するようになったので、国人たちも昔のように農民を勝手に駆使することができなくなったのが大きな原因だった。

そこで国人たちはあるいは守護やその重臣などの被官になり、あるいは農民の代官排斥を助け、その時々の情勢に敏感に対応しながら、より強力な郷村支配への道を切りひらこうと努めていたのである。長禄元年（一四五七）細川分家の分国である和泉では日根郡一帯の鳥取備前守光忠・淡輪《たんのわ》河内入道道本・日根野加賀守秀盛ら九人の国人が「和泉国日根郡国人等における契約状の事」と題する連判状を作り、「公私万事につき水魚の思いをなし、一味同心をなすべきものなり。しかる上は、一人の大事たりと雖《いえど》も、相互に見放つべからず」という盟約を結んでいる。これなども、相互の対立を避けて地域的な支配を強めようとする国人たちの真剣な努力のあらわれである。

守護大名の一族・被官がしのぎをけずり、内訌に明け暮れるようになった小笠原、富樫、さらには畠山氏などの分国と違って、細川氏や山名氏の分国は、一見平穏無事なように見えていたが、実際にはここでも在地情勢にはいたるところに紛争の種がまかれ、複雑な対立がくすぶっていたのだった。

こうして幕府権力の基礎をゆるがすような動乱への兆《きざ》しは、勝元や宗全の支配下からもしだいに巻き起こっていったのである。

諸大名の分争

家督相続

十五世紀も半ばになると、諸国国人の動きも一段と活発になったが、一方では守護大名の一家の動揺も大きくなった。大名の家の内訌は、これまでに触れた小笠原・富樫・畠山などのほか、美濃の土岐氏、近江の六角氏などにも起こっているが、大体この時代に、諸大名の間に家督をめぐる紛争が頻発したのは決して偶然ではない。これよりさき、分割相続が限界に達した武士たちは、南北朝時代になると所領をそっくりまとめて嫡子に譲る単独の家督相続にきりかえるようになっていたが、そうなればなったで、家督を継いだものが非常に大きな権限をもつことになる。だから往々にして家督の地位をめぐって一族兄妹の間に烈しい競争が演じられる。ことに守護の職はほとんど世襲されるようになり、管領や侍所所司がいわゆる三管領四職の家に固定し、将軍の御相伴衆・御供衆などの資格もこの七氏をはじめとする一定の大名の家に与えられるようになった。そこでこの時代には、大名の家督を継ぐことが守護になるための要件であり、さらに幕府の要職に就くための最大の条件ということになって、家督をめぐる争いは、ともすれば食うか食われるかの骨肉相食《あいは》む様相を呈する結果となった。

そのうえ諸大名は、しだいに勢力を強めてきた多数の内衆や国人（国衆）を擁しているから、騒乱は容易におさまらない。重臣たちは、主家に争いがおこると、どちらかの家督を擁立して一層勢力を張ろうとして相互に闘争したし、分国の国人たちも、相互に郷村の支配をめぐる対立や一族間の対立をかかえていたうえに、守護代・奉行・請所代官などとして大名から派遣されてくる内衆たちに、平素から反感をいだいているから、ひとたび大名の家に紛争が起こると、彼らはこれを機会に蜂起し、紛争はたちまち分国をあげての戦闘状態に拡大しがちだった。

将軍義政の態度

しかも、そのような諸大名の内輪もめを一層混乱させ、長期化させたものは、一つは前に見たような勝元と宗全の権力争いであり、もう一つは佞臣《ねいしん》・寵姫《ちょうき》にとりまかれて、彼らの進言のままに、なりゆき任せの政治をとっていた将軍義政の態度だった。『応仁記』は全篇の冒頭を次のように書き出している。

応仁丁亥ノ歳、天下大ニ動乱シ、ソレヨリ永ク五畿七道悉ク乱ル。其起《そのおこり》ヲ尋《たずぬ》ルニ、尊氏将軍ノ七代目ノ将軍義政公ノ、天下ノ成敗ヲ有道ノ管領ニ不レ任《まかせず》、只御台所、或ハ香樹院、或ハ春日局ナド云、理非ヲモ不レ弁《わきまえず》、公事《くじ》政道ヲモ不二知給一《しりたまわざる》青女房比丘尼達、計ヒトシテ酒宴婬楽ノ紛レニ申沙汰セラレ、亦伊勢守貞親ヤ、鹿苑院ノ蔭凉軒《いんりょうけん》ナンドト評定セラレケレバ、今迄贔屓《ひいき》ニ募《つのっ》テ論人ニ申与《もうしあたう》ベキ所領ヲモ、又耽二賄賂ニ一《まいないにふけり》訴人ニ理ヲ付《つけ》、又奉行所ヨリ本主安堵ヲ給レバ御台所ヨリ恩賞ニ被レ行《おこなわる》。如二此ノ一《かくのごとく》錯乱セシ間、畠山ノ両家義就政長モ文安元年甲子ヨリ今年ニ至迄廿四年ノ間ニ、互ニ勘道(当)ヲ蒙ル事三ケ度、赦免セラルル事三ケ度ニ及ブ。何ノ不義ナク又何ノ忠モナシ。依レ之《これにより》京童諺ニ勘道ニ科《とが》ナク赦面(免)ニ忠ナシト笑ヒケル。

但し義政は決して生来暗愚ではなく、むしろ少年の頃からなかなか利発だったし、しかも若い頃は、正しい政道の実現をめざす意図をもっていたのだが、どこまでも自分の意志を貫こうとする気魄には欠けていた。義政が十九歳の享徳二年（一四五三）五月、管領細川勝元が義政の決裁を経ずに、伊予守護職の補任《ぶにん》や遠江の勝田兄弟の相論について命令を出したので、義政は勝元に使いをやって専権を戒めたところ、勝元は辞意を表明した。また義政二十歳の享徳三年（一四五四）七月、前述の畠山弥三郎党の持国邸襲撃事件がおこると、義政はこれはさきに政長が逃れた時、細川勝元の被官磯谷四郎兵衛尉兄弟が弥三郎を匿まったからであるとして、後のみせしめのためにといって、翌月勝元に命じて磯谷兄弟を殺させた。しかし、このときも勝元はそのあとで辞職を申し出たので、義政は勝元の邸に出向いて辞意を撤回するように説得しなければならなかった。続いて十一月には、先に述べた山名宗全の専権を憤って討伐しようとし、勝元に反対されて、隠居を命じるにとどめた事件が起こっている。

このように義政は勝元・宗全などの専権を抑え、政治の姿勢を正そうとする意図をもっていたにかかわらず、勝元に阻まれてその意図を充分発揮することができなかった。根が怜悧なだけに義政はここで早くも自分の政治力の限界を悟ってしまったのである。もちろんそれは、彼が管領を更迭《こうてつ》してまで自分の意志を貫こうとするほどの強い意志の持主でなかったことによるであろう。たしかに義政は、ひそかに「柔弱」と批評されている。しかし、将軍の権威を強めようとしてかえって凶刃に斃れた父義教のことが身にしみている以上、父の二の舞になりたくない気持ちに駆られるのは当然だったとも言える。

そこで義政は年とともに政治から関心をそらし、芸術や遊宴や造営事業に打ち込むようになった。それは三代将軍義満以来、将軍の公私の生活環境に公卿や禅僧にとりまかれた貴族的雰囲気が濃厚だったせいもあるが、義政自身、意識的に祖父義満の栄光を文化の面で再現しようと努めたためでもあった。ことに長禄二年（一四五八）から義満の建てた花の御所の再建工事を始めたことや、義満の北山の山荘にならって寛正六年（一四六五）から東山に山荘の敷地を選定し、後年ここに義満の金閣にならった銀閣を建てたことなどは、義政が義満をモデルとしている事実を最もよく示している。

彼のそうした事業への凝りようは大変なもので、花の御所は造営費用六十万貫（現在の四百億円以上）と伝えられ、屋根瓦にまで金銀珠玉をちりばめ、庭者（庭師）を京都中廻らせて公卿の邸宅や寺院から珍らしい木石を徴発したほどであった。また実母重子の住む高倉殿を修築したときも、腰障子一枚に二万貫かけたという。その傍ら毎月何回も公卿・諸大名以下を引き連れて寺々や大名の邸に出

足利氏系図（数字は将軍、○内数字は鎌倉公方、（ ）内数字は古河公方の歴代）

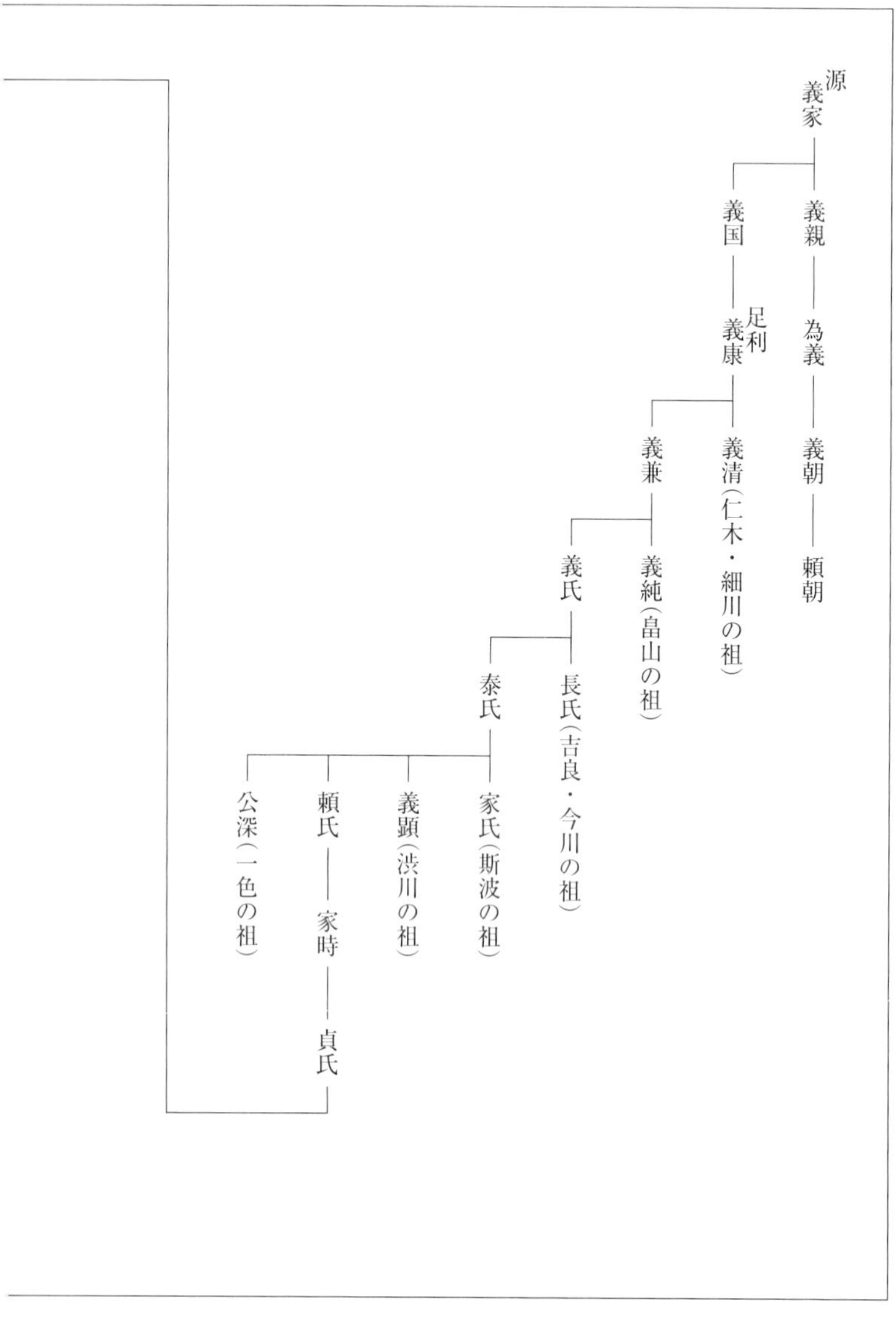

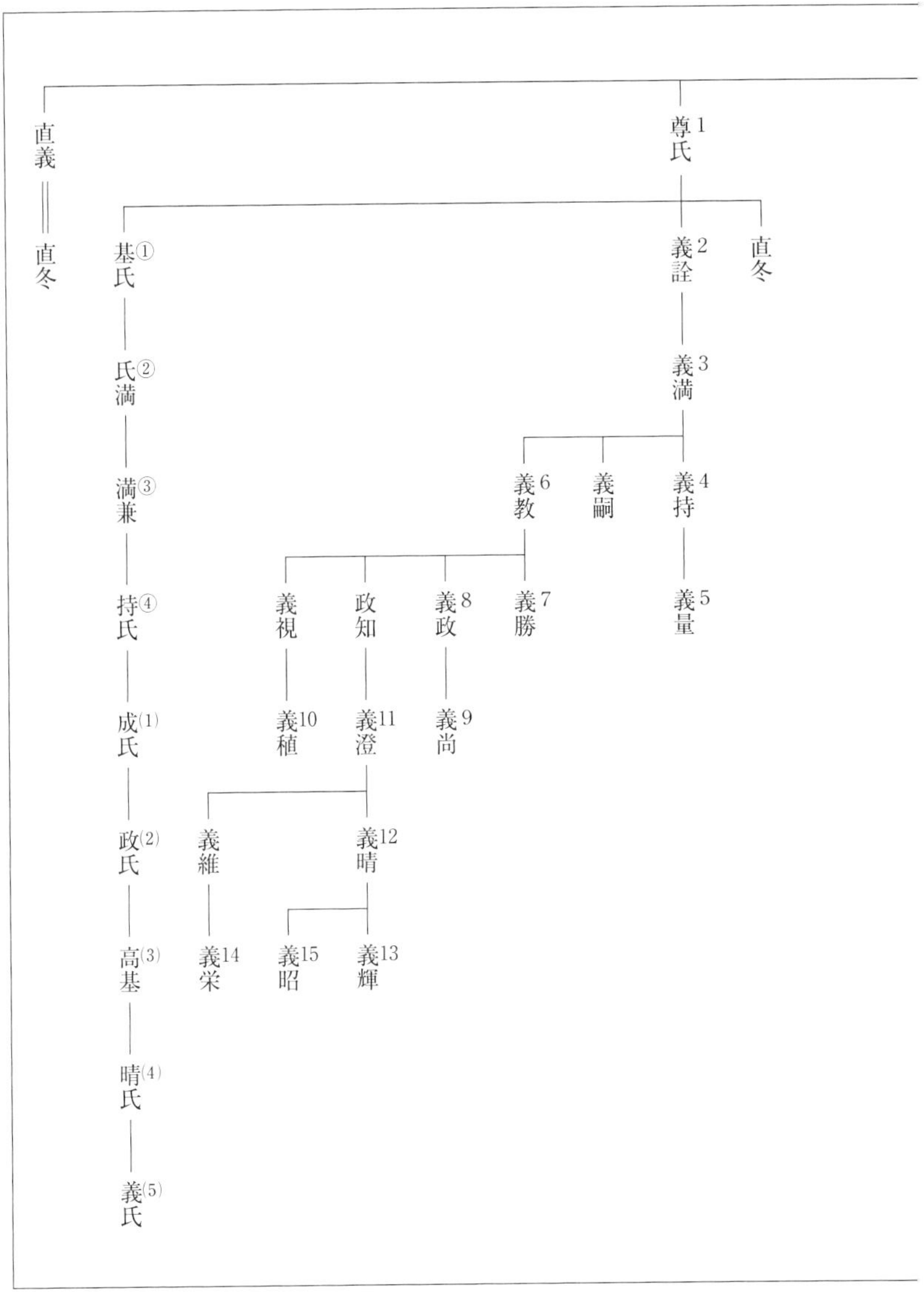
直義
直冬
尊氏1
基氏①
義詮2
直冬
氏満②
義満3
満兼③
義教6
義嗣
義持4
持氏④
義視
政知
義政8
義勝7
義量5
成氏(1)
義稙10
義澄11
義尚9
政氏(2)
義維
義晴12
高基(3)
義栄14
義昭15
義輝13
晴氏(4)
義氏(5)

かけて豪遊し、その合間には毎日のように幕府で連歌・猿楽・酒宴に興じたので、それでなくてもあまり潤沢とは言えない幕府財政にはたちまちひびが入ってしまった。

そのうえ、長禄三年（一四五九）から三年間は、この時代にも珍らしい大飢饉の連続だった。京都には流民が集まり、寛正二年（一四六一）には、京都だけでもわずか二ケ月間に八万二千人もの飢死者がでたといわれる。実際、東福寺の大極和尚は、鴨川に無数の死体が漂って流れをせきとめる程の腐臭鼻をつく惨状を四条大橋の上から目撃して、日記『碧山日録』にその光景を書きとめている。そうした中でも義政の花の御所造営の事業や近臣諸将を連れての豪遊が続けられたので、後花園天皇は一編の詩を賦して義政に給わったという（長禄寛正記）。

残民《ざんみん》争《あらそいて》採《とる》首陽《しゆよう》薇《のわらび》　処々《しよしよ》閉レ序《じよをとじ》鎖ニ竹扉一《ちくひをとざす》

詩興《しきよう》吟《ぎんずるは》酸《さんなり》春《はる》二月《にがつ》　満城《まんじようの》紅緑《こうりよく》為レ誰《たがために》肥《こゆ》

しかも造営費用捻出のための段銭・棟別銭などは増徴される一方であり、重税と土倉《どそう》・酒屋などの収奪は土一揆《つちいっき》の頻発を促した。寛正三年（一四六二）九月にも、土一揆が洛中に乱入して土倉・寺院などの財物を奪いとり、彼らの放火のために市街は三十余町にわたって焼失した。これに対して幕府は山名・土岐・赤松・武田等の軍勢を発し、一揆の首領蓮田某を討ち取ってようやく鎮圧する有様だった。

三魔と日野一族

義政が民衆の惨苦と社会の動揺をよそに、どこまでも享楽生活に浮き身をやつして義満の栄華の夢を追ったのは、勝元や宗全に対するレジスタンスのためだけでなく、側近の男女によって日夜企てられる陰険な権力闘争や利権争いの息苦しさからの逃避でもあった。

さまざまの事にふれつつなげくぞよ　道さだかにもをさめえぬ身を

という長禄三年（一四五九）末の義政の歌は、彼のそうした心情の吐露だった（臥雲日件録抜尤）。

義政幼少の頃からその背後にあって大きな影響力をもっていたのは、その実母である義教将軍未亡人の日野重子だったが、重子の親族である大納言烏丸《からすま》資任や赤松氏の一族有馬持家などもしだいに政治に喙《くちばし》を入れたし、さらに義政が成人するとその乳母今参《いままいりのつぼね》局すなわち将軍家近習大館《おおだち》満冬の女《むすめ》の発言力が大きくなった。そのため重子と今参局の隠然たる対立が起こったが、それが表面化したのは義政十七歳のときに起こった次の事件だった。尾張の守護代であった織田郷広《さとひろ》は、主君斯波家によりその地位を追われたため、宝徳三年（一四五一）現守護代である実子敏広に代って再び守護代になろうとして、今参を通じて義政に運動した。義政はすぐこれを許して守護斯波千代徳丸（義健）に守護代更迭を命じたが、斯波家の宿老で越前守護代の甲斐常治が反対したので千代徳丸は幕命に従わなかった。のみならず千代徳丸・常治の肩を持った日野重子は、突如嵯峨の五大堂に引き籠って、「今参が政治に介入するのは不当だから自分は隠居したのだ」と言った。時の管領畠山持国は、勝元・宗全

日野家系図

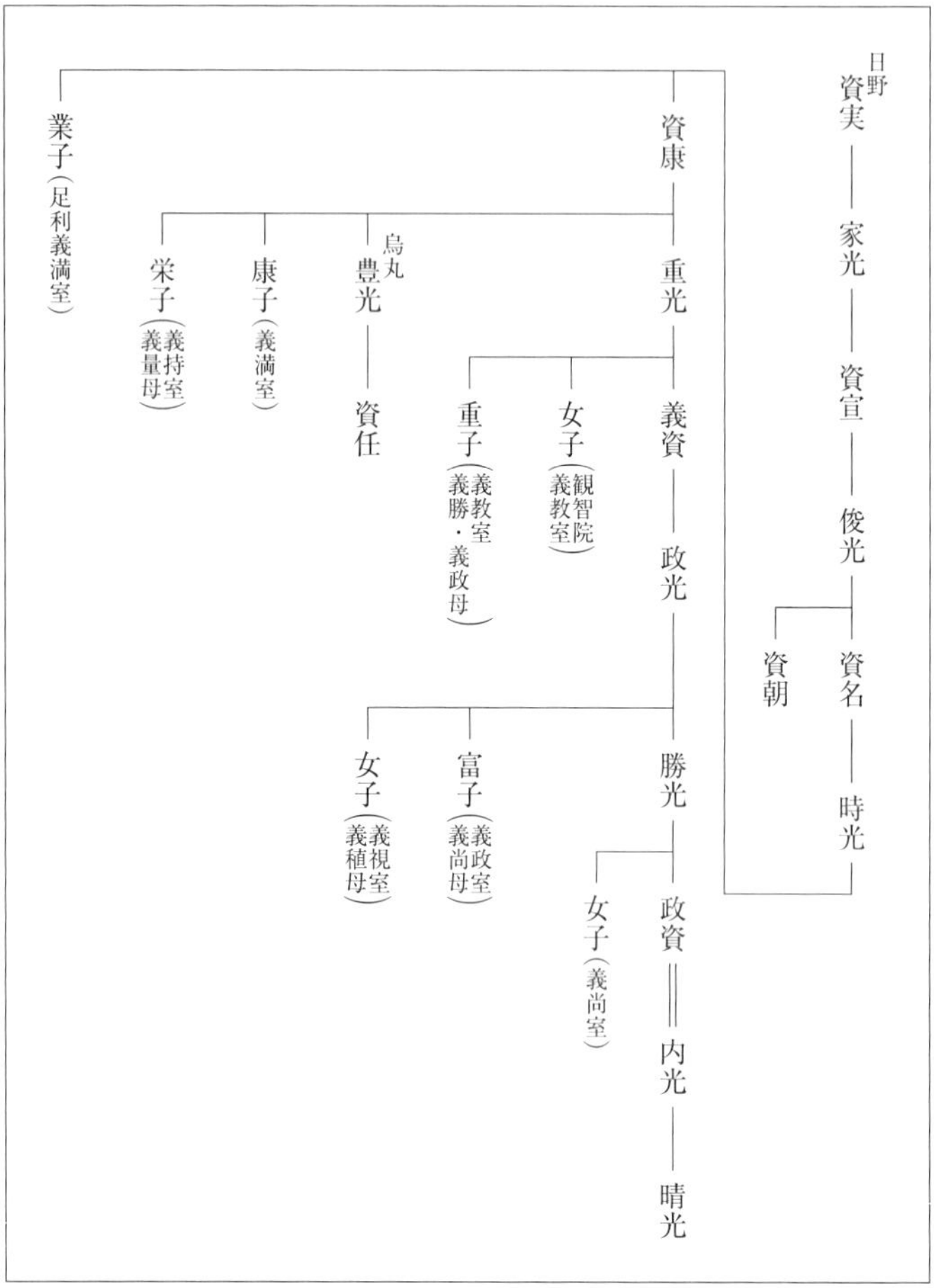
日野
資実
家光
資宣
俊光
資名
資朝
時光
資康
業子（足利義満室）
重光
烏丸
豊光
康子（義満室）
栄子（義持室 義量母）
資任
義資
女子（観智院 義教室）
重子（義教室 義勝・義政母）
政光
勝光
富子（義政室 義尚母）
女子（義視室 義稙母）
政資
女子（義尚室）
内光
晴光

らの大名とともに義政と重子の間をとり成し、義政に今参の政務介入をやめさせるようにと進言した。義政は不承々々進言に従ったので、今参はいったん京都を追われ、織田郷広はやがて越前に逃れたあげく自殺した。

大奥では重子の権勢が回復したかに見えたが、今参はまもなく復帰を許され、再び政治をかき廻すようになった。康正元年（一四五五）正月、ひそかに三つの人形《ひとがた》を描いて「けだし政は三魔に出づるなり。御今（今参）・有馬（持家）・烏丸（資任）なり」と書いた立て札を路ばたに立てたものがあって大評判になった。三人とも語尾に「ま」が付くことからの語呂《ごろ》あわせだが、たしかにそれが評判になるだけの素地があったのである。これは義政の側室となっていた大館持房の女《むすめ》佐子が出産する直前であった。それが男児なら今参は一層権勢を強めるつもりだったろうが、生まれたのは女児だった。

その年の八月、義政は母重子の甥政光の女《むすめ》日野富子を迎えて夫人としたが、今参の大奥での権勢はなお弱まりそうにもなく、正夫人富子は影の薄い存在のように見えた。しかし今参の没落は長禄三年（一四五九）正月に突如としてやってきた。

このとき富子は義政の長男を生んだが、義政夫妻の喜びもむなしく、嬰児は生まれるとすぐ死んでしまった。すると、この嬰児は今参に呪い殺されたのだという噂が流れ、落胆のあまりこの噂を信じ込んだ義政は、今参を琵琶湖の沖ノ島に流したうえ、すぐ殺してしまったのである。

今参の没落はもちろん正夫人富子の勝利を意味するが、富子の背後には三魔の上を越す権勢家の画策が働いていたのだった。日野家から代々将軍の夫人が選ばれるのは義満以来の慣例だったが、富子を夫人に推した直接の力は、義政の実母重子と結んだ富子の兄、勝光の働きであったに違いない。勝光が富子の夫人決定と同じ日に権大納言に昇進したことはそれを明らかに物語っている。そののち、今参を除くために呪詛《じゅそ》云々の噂を流したのが誰だったか、遡って大館氏出産の直前をねらって三魔の立て札を立てたのが誰だったかもほぼ見当がつくというものである。

今参排斥の成功で自信を強めた勝光・富子兄妹は、義政の遊惰と諸大名の対立をよいことにしてあからさまに権勢を振るい出した。寛正六年（一四六五）三月、赤松貞村の女《むすめ》である義政の妾の宮内卿局《つぼね》が男子を生んだところ、富子が「この子は義政の子ではなく、宮内卿局が義政側近の進士《しんじ》美濃守と通じて生んだ不義の子だ」と称してつまみ出してしまったのもその一つである。それに、当時公卿が所領を武士に押領されて窮乏した中で、この兄妹だけは、その権勢に乗じて、諸方からの義政への頼み事をいくらでも引き受けては多額の賄賂を貪り、巨富を積み重ね、「日野家は近頃並ぶもののない富豪で、大福長者のようだ」という評判を取った。やがて勝光は大乱勃発の直前、幕府と朝廷を動かして特別の勅許を受け、内大臣に上った。いくら義満以来の将軍夫人を出したといっても、もともと日野家というのは、摂関・清華《せいが》・大臣・羽林の次の名家《めいか》という第五等級の貴族にすぎなかった。これよりさき長禄三年（一四五九）正月に勝光が前関白一条兼良《いちじょうかねら》の所有する土地に邸宅を建てたとき、兼良の子である興福寺大乗院門跡尋尊大僧正は、名家の輩が摂家の土地に私宅を建てるのは先例がなく、もっての外だと歎いている（大乗院寺社雑事記）。もちろん、この家で大臣になったのは勝光が初めてであった。だから世間では、勝光が押しの一手で強引に大臣になったというので「押《おし》大臣」と渾名《あだな》した。さらに勝光は自分より上の家柄の右近衛中将藤原雅国を家礼《けらい》にして、押大臣の異名をますます高くした。

伊勢貞親と季瓊真蘂

義政が政務に身を入れないのをよいことにして幕政を陰から操った大物には、勝光・富子兄妹のほかに、寛正元年（一四六〇）政所執事になった伊勢伊勢守貞親《さだちか》があった。

伊勢氏は将軍義満の時代から政所執事の職を世襲していた。室町幕府の政所は主に幕府の財政を司り、御料所（将軍の直轄領）を管理する機関であって、その長官が伊勢氏の世襲になったのだから、将軍の権力は財政面から伊勢家に牛耳られる形になったのも当然だった。義政は建築造園の計画にせよ花見の宴の費用にせよ、幕府の収支を切り盛りする貞親に一々相談しなければできなくなってしまった。おまけに伊勢家は代々将軍の若君を自分の邸に引き取って養育するならわしになっており、義政ももちろん伊勢家の邸で幼年を送ったのである。従って義政は貞親を「御父」と呼び、その夫人を「御母」と呼ぶほど尊敬し、何事によらず貞親の意見を聞いた。のみならず、寛正六年（一四六五）のごときは、一年間に二十回も貞親の邸に出かけるという有様で、貞親の願いを聞いて彼の邸の浴室を新築するため、わざわざ美濃の守護土岐持益に命じて材木を徴発したり、貞親の所領には幕府の段銭を免除したりしている。だから貞親は、御料所の請所代官になって甘い汁を吸おうとする将軍近臣や、幕府から営業上の特権を貰って大儲けをたくらもうとする高利貸・大商人などと結託したばかりでなく、諸大名からも賄賂を受けて幕府の政治を乱していた。

この貞親と結託して幕政かき廻しに一役買った禅僧が、相国寺蔭凉軒《いんりようけん》主の季瓊真蘂《きけいしんずい》であった。相国寺はがんらい五山の中でも幕府とのつながりが最も深く、その塔頭鹿苑院《たつちゆうろくおんいん》の院主は幕府から僧録という職に任じられて、全国の五山派禅寺の人事を統轄し、同時に外交文書の起草や明《みん》から交付された勘合符《かんごうふ》の管理などにも関与していた。蔭凉軒主は代々この僧録を補佐する地位に就いて宗門と外交の事務に活躍していたが、とりわけ季瓊真蘂は義政の御機嫌とりと政界遊泳術が上手で、貞親と結んであらゆる政務に口を出し、常に幕府に出入りして義政の相談あいてとなり、義政もしばしば蔭凉軒を訪れた。また寛政五年（一四六四）には、季瓊の所領丹波郡家《ぐうけ》荘に守護使不入の特典が与えられた。前に述べた摂津の高利貸を営む国人池田充正の金満家ぶりをひどく羨んで日記に付けたのはこの季瓊であり、この一事からも実に物欲旺盛な坊主だったことがわかる。

斯波家内訌

貞親と季瓊真蘂の介入によって紛糾が拡大したのが斯波《しば》家の内訌である。もともと斯波家は将軍義満の時代に細川頼之と権勢を張り合った斯波義将が英傑で、それ以来三管領家の筆頭として重んじられ、越前・尾張・遠江三ケ国守護を兼ねていた。しかし義将の孫義淳《よしあつ》のころからあまり振るわなくなり、殊に義淳の弟義郷《よしさと》が若死してその子千代徳丸が幼少で家を継いだため、重臣甲斐・朝倉・堀江・織田等の勢力が増大し、中でも宿老甲斐常治《つねはる》は千代徳丸を擁して、斯波家の家政を指導し、最も実力を高めた。千代徳丸はやがて元服して義健《よしたけ》と名乗ったが、享徳元年（一四五二）僅かに十八歳で後継ぎの子がないうちに、落馬したのが因《もと》で急死した。そこで一族宿老は相談して、斯波家の庶流大野持

斯波氏系図

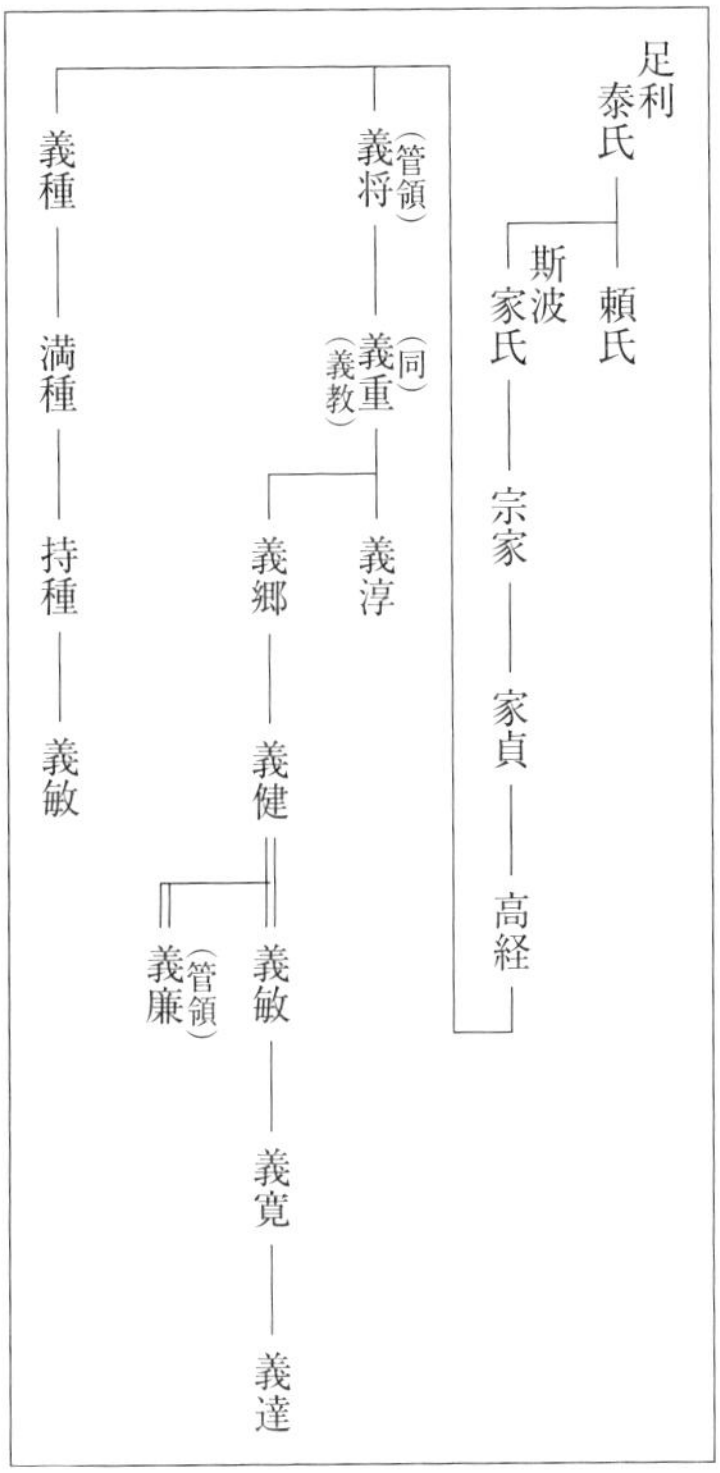

種というものの子の義敏《よしとし》を立てて斯波家を相続させた。しかし、甲斐常治を始め朝倉・織田などの宿老は分家の出である義敏を侮ってその命令を聞かず、なかでも常治はもっぱら権勢を振るうに至った。義敏は常治の専横を憎み、常治の弟近江守および安居修理亮らの助けを受けて常治を退けようとし、康正二年（一四五六）五月、常治の横暴を幕府に訴えた。もっとも、このことは常治方の立場の『文正記』には、義敏が常治に盛り立てられたにもかかわらず、その弟近江守を甲斐家の惣領にしようとして横車を押したのだと叙述している。いずれにせよ斯波家の騒動が宿老甲斐兄弟の実権争いとからんでいたことは明らかである。

義政は吉良・石橋・渋川の三氏に命じて義敏と常治の理非を審理させ、その結果常治を断罪しようとした。ところが常治の妹が伊勢貞親の妾になっていたので、常治はこの妹の縁を頼って貞親に泣きついた。貞親は将軍義政に義敏を讒言し、吉良・石橋・渋川三氏も貞親におもねってこれに同調し、常治に有利な答申を行なった。そこで、甲斐近江守らは常治の策動と幕府の公正でないのを怒ってますます常治との対立を深め、斯波家の内衆も国人も真二つに割れて睨み合い、分国越前は一触即発の険悪な空気となった。義敏ももちろん幕府の処置を憤って、その十二月に東山の東光寺に籠居してしまった。

細川勝元は義政をしきりに諫めて、「斯波家は幕府の最も重要な家柄でありますから、この家に内訌が続けば、当然幕府に災が及ぶに違いありません。早く常治を諭《さと》して義敏と和解させるべきです」

と説いたので、義政は勝元の意見に従って常治を説得し、義敏をもなだめて長禄二年（一四五八）二月、邸に還らせた。そのころ関東では、永享の乱で亡びた足利持氏の遺子成氏が宇都宮・小田・結城・千葉・里見などの諸大名に擁せられて古河公方と称し、成氏に謀殺された関東管領上杉憲忠の一族である上杉氏は成氏に抗戦し、関東を二分する大戦乱が勃発していた。将軍義政は弟政知を関東に下して成氏に対抗させ、東国の諸大名に内書を下して政知を援けるよう命じたが、これに従わないものが多く、成氏方はかえって勢いを得、政知は伊豆に留まって堀越公方と称し、全く振るわなかった。そこで幕府は長禄三年（一四五九）斯波義敏に命じて、関東に発向し政知を援けて成氏方を討たせた。義敏に軍功を樹てさせて斯波家に恩を売ろうとする管領勝元の計画によるものであろう。ところが義敏は甲斐常治に対する積年の恨みを晴らす好機到来として、進軍の途中近江から進路を変えて分国越前に攻め込み、五月十三日常治を敦賀《つるが》城に囲んだ。この城は敦賀湾内の岬を利用して構築されているので、義敏はこれを海陸両面から攻めたが、暴風が起こって船が沈み、軍勢八百余人溺死という損害を出した。義政は義敏が古河公方追討の命令に背いて勝手に常治を攻めたのを聞くと、さすがに憤慨して、近江・加賀・能登・越中の軍勢を動員して常治を救援し、義敏を討伐させた。義敏は敗走してはるばる周防まで逃れ、親交のあった同国守護大内教弘にかくまわれた。

義敏方の堀江石見守らは越前に踏みとどまって常治方に抵抗し続けたが、大勢は幕府の援ける常治方の勝利という形勢になった。ところがそれも束の間、常治は七月に病死したので、幕府はその子政盛に越前守護代を継がせ、また没落した斯波義敏の後には義敏の嫡子松王丸を立てて斯波家の当主とした。

普通ならこれでお家騒動は終りそうなものだが、斯波家の家臣同士の対立と、幕府内部の暗闘がいずれもひどくなる一方で、それらを統制する立場の将軍義政の抑えが少しもきかない以上、そう簡単に事は運ばない。常治の死去によって甲斐氏の勢力が急に低下したので、そのすきに頭をもたげ始めたのは同じく斯波家の宿老である朝倉教景《のりかげ》（のち孝景）だった。教景が甲斐政盛をそそのかし、かつ幕府に運動したものと見えて、寛正二年（一四六一）十月、義政は松王丸を廃して、九州探題渋川氏の一族義廉《よしかど》（義鏡の子）に斯波家を嗣がせ、教景を甲斐政盛とならんで家老として義廉を補佐させた。

だがいくら朝倉教景が運動したにしても、斯波家嫡統の松王丸を追い出して、足利一門とはいえ直接には斯波家と縁もゆかりもない義廉を当主に据えるというような、全く筋の通らない廃立を義政がやってのけたのは、幕府内部の反細川勢力が、義敏・松王丸父子を援護している管領細川勝元の勢威を弱めようとして義政をまるめこんだために違いない。第一義廉の母は宗全の一族山名摂津守の女《むすめ》であったし、また宗全がまもなく女《むすめ》の一人を義廉に嫁入りさせるという婚約を結ぶところから見て、この斯波家廃立の陰には、宗全が一肌ぬいでいることは間違いない。そのうえ伊勢貞親もおそらく多額の運動費を貰って一役買っていたらしい。それは、翌々年に当る寛正四年（一四六三）八月に、義政の母重子が亡くなって大赦が行なわれるにあたり、勝元は義政に義敏・松王丸父子をこの際赦免するように要請したところ、貞親は反対し、二人をただ赦免したのでは斯波家に騒動が再燃するからという理由で、義敏は入京させず、松王丸は相国寺の喝食《かつしき》（稚児）にするという条件をつけさせたことからも察せられる。そして相国寺に入った松王丸は例の蔭凉軒主季瓊が預って自分の弟子にしてしまった。

ところがまもなく貞親に大変寵愛されて妾となり、新造と呼ばれた女が現われるが、この新造の姉妹はもともと義敏の妾であった。義敏はそこで、妾同士が姉妹という縁故をたよって貞親に盛んに取りいった。推測するに、妾同士が姉妹というのは決して偶然でなく、そもそも新造なる女を貞親に送りこむというのが義敏自身および細川勝元によって計画された筋書だったと思われる。果して事は筋書通りに運んで、貞親はたちまち義敏の味方になり、おまけに松王丸を弟子にした季瓊も貞親と一緒になって、今度は義敏を再び斯波家の当主にするよう義政に進言した。貞親と季瓊の言うことなら何でも聞き入れる義政のことだから、この進言もすぐさま採用されたのはもちろんである。寛正六年（一四六五）十二月、義政は義敏を京都に召しかえして謁見を許した。ここに、せっかく落ち着きかけた斯波家の内訌は、勝元・宗全の勢力争いと貞親・季瓊の介入で、かえって尖鋭な対立へとかり立てられることとなった。『応仁記』はこの有様を「又武衛両家義敏・義廉ワヅカニ廿年ノ中ニ改動セラルル事両度也。是皆伊勢守貞親色ヲ好ミ婬着《いんちゃく》シ贔屓《ひいき》セシ故也」と述べ、当時の人々は

義敏は二見の浦の海士《あま》なれや　伊勢のわかめを頼む計《ばか》りぞ

世の中は皆歌読《うたよみ》に業平《なりひら》の　伊勢物語せぬ人ぞなき

などという落首をもてはやして、妾の縁にたよる義敏と無節操な貞親をあざ笑ったとある。

伊勢貞親教訓

貞親には、これよりさき長禄年間（一四五七—五九）ころ、嫡子貞宗に書き与えた『伊勢貞親教訓』と名づける教訓状がある。これは三十八ケ条にのぼるかなり長文のもので、内容は「神仏を信じ敬え」「日夜朝暮起居すべてにつけ、将軍の御意を始め御番衆などにまで心を配って励め」「平生の行ないは、第一に女どもと日中同居してはならぬ。朝早くから夕方まで表座敷に出て、当番の者や用件のある者から直接公務などを聴き、一人一人に目をそそいで言葉をかけるようにせよ」「肝要なものは弓術、馬術の二つである。この二道を朝夕心がけ、毎日怠ってはならない」「歌道は、才能がなくても形どおりには心得ておくべきだ」「服装があまり人より上等なのはよくない」「自分の身分よりもへりくだる人が、見どころのある人間である」「何としても良い友に近づくべきである」「家中《かちゅう》の代々の宿老に、特別目をかけるべきだ」「家の建築は、あまり材木を選ぶ事などは無益だ。『侍は家と命と女との三つを忘れよ』といわれている」「若くとも、死に臨むときの覚悟を常に心がけるべきだ。現世は無常という理法をわきまえ、慈悲を第一とせよ」「わが家はことに天下の鏡となるべき家だから、才能がなくては将軍の御意向に対しふさわしくない」などという立派な訓戒が並べ立ててある。もっとも、「人に酒などを勧めることは、人と近づきになるための一番のなかだちである」「将軍の御気に入りの者または弁舌の立つ者は、常に呼び寄せて知り合いになり、物などを与えよ。そうすれば告げ口などもせず、味方になるものだ」などといったきわめて功利的な処世訓を交えているところはいかにも貞親らしい。ともかくこれ程の家訓を嫡子貞宗に与えた貞親の行動たるや、ご承知の如く無節操そのものだから、『伊勢貞親教訓』はまるで言行不一致の見本のようなものだ。『応仁記』によれば、貞親が妾の縁故で義敏取り立てを計ったとき、貞宗はその行動を諌めたが、貞親は承知せず、かえって貞宗を勘当したという。事実ならば、皮肉にも貞親の家訓にはそれなりの教育効果があったというべきである。

畠山家内訌

斯波家の騒動と並行して、畠山家でも弥三郎と義就の対立が両者の合戦にまで発展した。但しこの場合は貞親・季瓊らの介入というよりは、将軍義政の無定見と勝元の弥三郎支援で紛争が拡大したのである。享徳三年（一四五四）末、弥三郎が河内に出奔したのを見すました義就は、再び弥三郎追討を義政に願い、義政は願いを許して、翌康正元年（一四五五）二月から討伐の軍勢を動員し始めた。翌月持国が亡くなったが、義政は六月には能登守護畠山義統《よしむね》を始め、能登・加賀・和泉などの軍勢を動員し、義就につけて河内に出陣させ、討伐を実施させた。これに対し弥三郎は分国河内・紀伊の軍勢のほかに、大和の筒井順永・成身院《じょうしんいん》光宣らの援軍を受けて義就を大いに破ったので、義就は幕府に救援を求めた。しかし将軍義政は細川勝元のとりなしで弥三郎を赦し、義就との和睦を計ったため、義就は弥三郎の弟たちを捕えて殺した。さらに義就は前々から筒井氏らと対立していた越智氏らを味方にして大和に攻め込み、筒井・箸尾らの弥三郎方を打ち破ったので、大和でも衆徒国民は越智氏を始めとする義就方と、筒井氏以下の弥三郎方とに両分して、相剋を繰り返す状態になった。

やがて長禄三年（一四五九）弥三郎は病死したが、その弟政長が後継ぎとして擁立された。そこで勝元は政長を援助して上洛させる一方、義政をそそのかして義就の立場を不利に陥れる工作を廻らした。そのため、義政は、諸大名から徴収した庭木のうち、義就の献上した木が枯れたとか、義就が幕府の禁令に背いて狩を行なったなどという些細なことから、寛正元年（一四六〇）九月、義就の出仕を停めて隠居させ、その養子義有に家を相続させようとした。義就は義政の処置を憤慨し、誉田《ほんだ》・須屋・甲斐庄らの被官を率いて逐電し、河内の若江城に落ちのびて再挙を図った。

ここで義就と政長の立場は逆転し、勝元の工作は図に当たった。政長は義政から義就の所領を与えられ、紀伊・河内・越中三国守護に任じられて畠山家の惣領になり、おまけに同じ九月に義就追討の綸旨を賜った。喜び勇んだ政長は、河内に進軍するため、まず大和に向い筒井順永以下の与党を集めた。これを知った義就は十月九日、河内の若江から国境を越えて大和龍田の政長に奇襲攻撃を敢行したが、遊佐国助以下多数の戦死者を出して敗退した。

政長勢は河内に進み、義就勢と連戦してしだいに圧迫した。しかし義就は南河内の金剛山の麓にある嶽山《だけやま》に城を築き、金胎寺《こんたいじ》・寛弘寺などに外城《とじょう》を構えてたて籠ったので、寛正三年（一四六二）四月に、幕府は細川成之を総大将とし、同勝久・同成春・山名是豊・武田国信らの諸将の率いる大軍を差し向けてこれを攻撃させ、激戦を交えた。山名是豊は備後の勢を引率して七度攻め上ったが、七度とも撃退された。七度目には義就自身太刀を振るって切って出るという必死の防戦を行なったという。このように義就方の守りは固く、翌月わずかに外城金胎寺城が陥落したのみで、嶽山城に籠城する義就は、丸一年間も頑張って城を持ちこたえた。しかし四年（一四六三）四月に至り、ついに義就は嶽山城を棄てて紀州めざして走り、高野山を経て粉河に逃れ、幕府軍に追撃されてついに吉野の奥に逃げ籠った。

この攻防戦を見ると、細川勝元が一族成之以下を遣わして、政長援助、義就討伐を積極的に行なっていることがわかる。一方宗全の次男是豊《これとよ》もなかなか熱心に戦闘している。しかし、是豊は父との間に溝を生じており、応仁の乱には勝元方に加わるのだから、是豊のこの嶽山攻撃にも、宗全の意思の反映は認められない。

義就が吉野に籠ると、幕府軍の諸将はそれ以上義就を探索せずに、やがて京都に引きあげ、十二月義政は政長に上洛を命じた。こうして討伐軍が全部撤収することとなったので、人々はまたも義政が義就を赦免したらしいと噂したが、実はそうでなくて勝元が政長を与党の有力者に仕立て上げるため、義政に勧めて上洛させたものらしい。

翌寛正五年（一四六四）京都に凱旋した政長は、二月一日義政に酒肴を献上し、三月末には勝元の邸に義政を招いて饗宴を張った。こうして勝元と政長は義政の歓心を買うように努め、かたわら勝元はしきりに管領職を辞退したいと申し出て、ついにその九月、勝元に代って政長が管領に就任した。勝元が自分の与党として育て上げた政長を表面に出し、自分はその背後にあって勢力を振るおうとしたものであることはいうまでもない。

宗全・勝元両党の勢力

寛正五年（一四六四）の末には、備後・安芸守護山名是豊が山城守護を兼任することとなった。是豊は右に触れたように、父宗全と対立し始めていた。寛正元年（一四六〇）十月、宗全が嫡子教豊を放逐し、教豊が播磨に逃れた事件があり、次男である是豊はおそらくそのとき自分が家督を継げると思ったのに、そののち兄教豊が宗全から復帰を許されたので、是豊は期待を裏切られて、父宗全を恨んだものと思われる。権勢を誇る山名家にもこうして家督の争いが兆《きざ》したのを見た勝元は、是豊を味方の陣営に引き入れて山名家の勢力にくさびを入れようとして、彼を山城守護にするよう義政に運動したのであろう。

かねがね赤松家再興の問題で勝元から煮え湯を飲まされていた宗全としては、畠山政長を管領におし立てて勢力を強化し、ついで自分に離反した是豊を山城守護にした勝元に対して、どれほど憤りの心を燃やしたか知れない。そのうえ宗全の運動でいったん義廉を立てるのに成功した斯波家についても、勝元は巧妙に伊勢貞親を抱き込んで、寛正六年（一四六五）末、義敏が赦免を受け、やがて再び登用されて、義廉が退けられてしまったのである。このように勝元の謀略が着々と成功してゆくにつれて、権勢を狭められた宗全としては、いよいよ面目にかけても、巻き返しを画策しないわけには行かない。

以上のようにして、義政の無為無策や側近の貞親・季瓊らの無節操によって輪をかけられた諸大名の内訌は、いずれも両雄の対立と結びついてしまい、結局細川勝元の下に赤松政則・畠山政長・斯波義敏・山名是豊が連合し、山名宗全の下には畠山義就・斯波義廉が参加して両者が真向うから衝突する形勢ができ上ってしまったのである。

このほか、加賀半国守護の地位を追われた富樫泰高は宗全と結んで、勝元の援助を受けた富樫政親と赤松政則に抵抗しようとした。また四職の家柄で飛驒・出雲・隠岐守護の京極持清は勝元と提携して侍所所司となり、同じく四職の宗全と張り合ったのに対して、近江守護六角高頼や美濃守護土岐持益とその養子成頼は、持清に対抗するため宗全に近づいていった。若狭の守護武田信賢《のぶかた》と丹後・伊勢・志摩の守護一色義直とは若狭・丹後の間で紛争をおこし、前者は勝元を頼り、後者は宗全を頼ることとなる。さらに明や朝鮮との貿易で勝元と競争した周防・長門・豊前・筑前の守護大内政弘は、

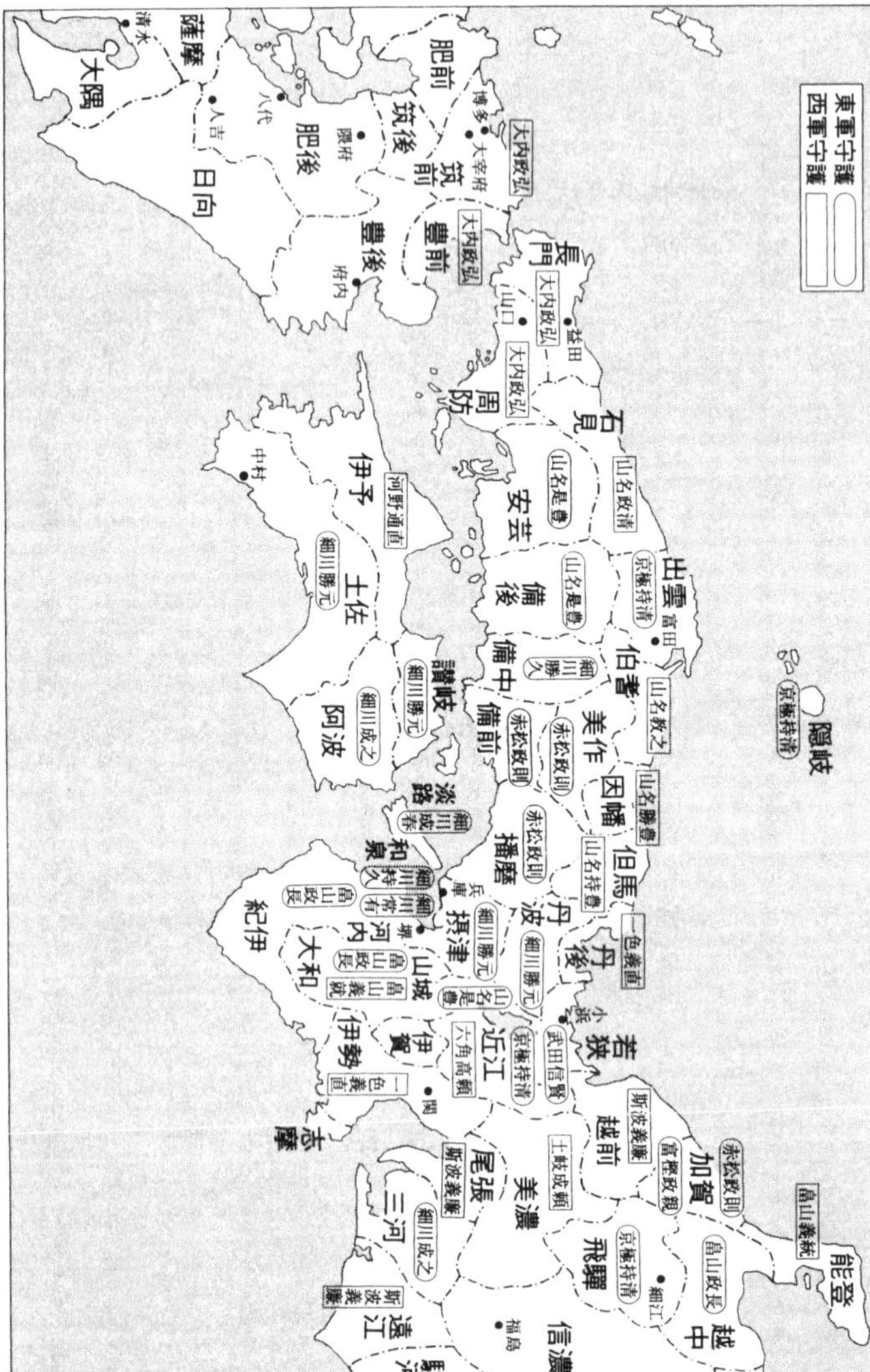
東軍守護
西軍守護
薩摩
大隅
清水
肥前
筑後
肥後
日向
八代
人吉
隈府
博多
大宰府
筑前
大内政弘
豊前
大内政弘
豊後
府内
長門
大内政弘
山口
益田
大内政弘
周防
石見
山名政清
安芸
山名是豊
伊予
河野通直
中村
土佐
細川勝元
出雲
京極持清
富田
備後
山名是豊
伯耆
備中
細川勝久
讃岐
細川勝元
阿波
細川成之
隠岐
京極持清
山名教之
美作
赤松政則
備前
赤松政則
因幡
山名勝豊
淡路
細川成春
播磨
赤松政則
但馬
山名持豊
和泉
細川持久
細川常有
兵庫
丹波
細川勝元
丹後
一色義直
摂津
細川勝元
堺
河内
畠山政長
紀伊
畠山政長
大和
山城
畠山義就
山名是豊
若狭
武田信賢
小浜
近江
京極持清
六角高頼
伊賀
伊勢
一色義直
関
志摩
越前
斯波義廉
加賀
富樫政親
赤松政則
尾張
斯波義廉
美濃
土岐成頼
三河
細川成之
飛騨
京極持清
細江
能登
畠山義統
越中
畠山政長
遠江
斯波義廉
信濃
福島
駿河

応仁の乱大名配置図

伊予の守護河野通春を援けて細川氏の四国制圧を妨げ、彼らも勝元との敵対関係からしだいに宗全に好意を寄せるようになった。こうして東海・北陸から中国・四国・九州北部に至るまでの守護大名は、ことごとく細川方と山名方に色わけされ、地方的な分争もすべて中央の二大勢力の対立と結びついて刻一刻と激しさを加えたのである。

戦雲迫る

義政の秕政

寛正五年（一四六四）四月、将軍義政は諸寺諸社から莫大な費用を徴収して、鞍馬寺の塔を建立するための勧進猿楽を下鴨神社のほとりを流れる賀茂川の糺河原《ただすがわら》で興行した。その設備はきわめて大規模で、義政は夫人日野富子とともに臨席し、公卿諸将以下こぞって陪観し、前後五日間にわたるという盛典であり、猿楽師の観世大夫に義政は二万匹（二百貫文、今の千数百万円）も与え、陪観の諸大名もきそって多額の褒美を与えた。寛正六年（一四六五）春には、越前一国に段銭をかけて花見の費用を集め、義政夫妻はやはり関白・管領以下を侍らせて、三月四日には洛東花頂山と若王子《にやくおうじ》、六日には洛西大原野で観桜の宴を張った。衣服調度の華美なことは、例えば御相伴衆の箸は黄金で作り、御供衆の箸は沈香《じんこう》で作ったといわれるほどで、例の季瓊真蘂もこれを「花覧の出御、華麗目を奪ひ、天下観を改む。皆曰く一代の奇事なりと」と讃美している。花頂山の花の下で連歌会を催した義政は、

咲き満ちて　花より外《ほか》の色もなし

という発句を詠んでその栄華を自賛した。しかし実はこれが義政の前半生を彩る豪奢の絶頂だった。

義政は翌文正元年（一四六六）にかけて、なお華美な行列を組んでは石清水八幡宮参詣、春日社参、石山寺参詣、伊勢参宮などに出かけ、或いは西芳寺（苔寺）の紅葉狩り、岩倉の梅見と浮かれ歩き、その合間には、伊勢貞親・細川勝元・山名宗全以下諸将の邸を廻って、相変らず猿楽だ連歌だと遊び暮していた。けれども義政夫妻を始め廷臣・諸将の豪奢を極めた享楽生活の陰には、大きな暗雲がひろがりつつあったのである。

『応仁記』も次のように述べている。

加之《しかのみならず》大乱ノ起ルベキ瑞相ニヤ、公家武家共ニ大ニ侈《おご》リ、都鄙遠境ノ人民迄花麗ヲ好ミ、諸家大営、万民ノ弊言語道断也。依レ之万民憂悲苦悩シテ、夏《か》ノ世ノ民ガ桀《けつ》王ノ妄悪ヲ恨《うらん》デ、「此日何カ亡《ほろび》ン、我与レ爾倶《なんじととも》ニ亡ン」ト如二謳《うたいしがごとし》シガ一。若《もし》此時忠臣アラバ、ナドカ不レ奉レ諫《いさめ》レ之哉。然レドモ只「天下ハ破レバ破《やぶれ》ヨ。世間ハ滅《ほろば》バ滅《ほろび》ヨ。人ハトモアレ、我身サヘ富貴ナラバ、他ヨリ一段瑩《えい》羹《かん》様ニ振舞《ふるまわ》ン」ト成行《なりゆ》ケリ。（中略）如レ此《かくのごとく》面面粧《よそおい》ヲノミ刷《つくろわ》ント奔走セシママ、皆所領ヲ質ニ置キ、財宝ヲ沽却シテ勤レ之《これをつとめ》、諸国ノ土民ニ課役ヲカケ、段銭棟別ヲ譴責《けんせき》スレバ、国々名主《みょうしゅ》百姓ハ耕作ヲシエズ、田畠ヲ捨テ、乞食シ、足手ニ任《まかせ》テ悶行《もだえゆき》、万邦ノ郷里村県ハ大半ハ郊原ト成《なり》ニケリ。

義政の秕政《ひせい》はこのように近臣諸将の奢侈・権勢欲と民衆の窮乏とに拍車をかけ、その中で幕府の屋台骨をゆるがすような細川・山名両派の党争が容赦なく深まっていったのである。

ことに寛正六年（一四六五）十二月以来、斯波義敏が赦免を受けて在京したことは斯波義廉を始め山名党を大いに刺激した。その結果翌文正元年（一四六六）七月、義廉が義敏の被官数名を牢人と称し、捕えて斬殺する事件が起こった。義敏はこれを早速義政に訴え、義政は、かねがね義敏を贔屓している伊勢貞親・季瓊真蘂らにこの事件を審理させた。義廉排除の機会を待ち構えていた彼らが、直ちに義政に向って、「義廉を廃して義敏を御立てになるように」と進言したことは言うまでもない。義政は彼らの言うままに、その二十三日、義廉を廃して義敏を斯波家の当主に復し、京都の勘解由小路《かでのこうじ》の邸まで義廉から取り上げて義敏に与えた。

斯波義廉の反抗

義廉方が憤慨したことはいうまでもない。ことに義廉の母は山名家の出にふさわしく、合戦に敗れた時自害する用意にと常々小長刀《こなぎなた》と脇差を身近に置いているほどの女丈夫だった。この義廉の母は、板倉以下の郎従を招き、みずから酒を酌《く》んで勧めながら、「義敏は上意に叶い、かねて贔屓の人々がおびただしいから、彼らはきっと攻めよせてくるでしょう。その時面々には真先きに討死して貰いたい」と言い、次に甲斐一族以下の宿老・若党らを招き寄せ、同じく酒を勧めながら、「義敏は公方様が御贔屓ですから、必ず討手を下されるでしょう。面々の日来《ひごろ》の志も今はこれまで。只今からの進退は面々の随意です」と申し渡した。甲斐一族の総領千菊丸の又従兄弟《またいとこ》左京亮が宿老・若党一同を代表して「御前に参上している者共は何で二心をもちましょうか」と誓い、一同肝に銘じて決死の覚悟をきめ直ちに防備を固め始めた（文正記）。同時に、義廉の宿老甲斐・朝倉らは急いで山名宗全に義廉の館召し上げを告げた。宗全は大いに怒って、「奇怪《きっかい》なり。この儀はいかに上意であろうが、わしも義廉の館へ入って、ともども上使を待ち受け合戦するぞ」と叫び、用意を命じた。山名被官の垣屋・大田垣ら十三人の宿老は連署の書面を宗全に差し出して「御腹立ちは尤もと存じますが、義廉は内輪の盟約関係、上意は主君の仰せであります。公儀に背き私縁を専らにされては御家に瑕《きず》がつきましょう。この際、義廉と婚約された御息女を公方様に上臈として差し上げて頂きたく存じます。もしこの旨を御承知なく、合戦なさるとならば、われら一同出家入道し、高野山に隠棲いたします」と諫めた。宗全はこの連判状を投げ出して「各《おのおの》の忠言は無用じゃ。わしは馳せ向って、謀計を廻らす奴ばらを討って無念を晴らす積りだ。たとい公方より罰せられようが構うことはない。嘉吉年中、赤松満祐のたて籠る木ノ山の城を切り落し、将軍家の親の敵《かたき》の首を取り、御本懐を達したのはわしなのだから、少々の我儘は御免許になる筈だ。将軍家が赤松彦五郎則尚を召し出して播磨へ入部させたときは、わしが各《おのおの》を引率して播磨へ下り、彦五郎を切腹させたのだぞ。亡父の讎敵さえ遺恨に思わない公方だから、わしが上意に逆らっても、各は贔屓を頼めば赦されるだろう。高野山に隠棲などは必要ない」と言い、座敷を立って間の襖をハタと立て、大声を上げていうには、「そもそも大名の身に不義不忠があれば、管領に仰せられ、諸大名と評定して出仕を差し止めるかまたは罪を宥すかを決めるべきだ。あの伊勢守の計らいで三管領の家を思いのままにし、さきには畠山家を勝手に扱い、今度は斯波家にもめ事を起こした。これを思えば今日は義廉の身の上、明日はわしの子孫を自由に扱うのも時間の問題だ。各は残るがよい、わし一人義廉の館に入って、一緒に腹を切るぞ」と烈しく怒ったので、宿老どもも、諫めても用いられなければ主君に従うまでと、こぞって戦備を急ぎ、将軍から討手が向ったと聞けば直ちに義廉の加勢に馳付けられるように用意をととのえたという（応仁記）。事実、宗全を始め一色義直・土岐成頼・六角高頼らの山名党は義廉に味方するため軍勢を集め、もちろん義廉自身も斯波家の分国越前・尾張・遠江に急報を出して、国人を召集した。越前の甲斐・朝倉の一族、尾張の織田一族を始め諸国の軍勢はこれに応じて続々と入京し、京都は物情騒然として、人々は「天下の大事変が起こりそうだ」と恐れおののいた。

八月に入り義政は宗全が事件を拡大させては始末が悪いと、日野勝光を使いとして宗全に「義廉との婚約を破談にして絶交せよ」と命じておいて、義廉の越前・尾張・遠江三国守護職を没収して義敏に与えた。一方細川勝元は義廉に同情を寄せ、義敏の弟竹王丸を捕えて義政に差し出したが、義政はこれにも謁見を許して越前大野郡を所領として与えた。これら一連の義政の処置の背後には、貞親・季瓊や日野勝光の暗躍が働いていることは間違いない。

義政は義廉方反抗の元凶は宗全であるとして、宗全を討とうとしたが、山名方の強大な軍事力に加えて、勝元までが義敏支持をやめたので、山名討伐を実行することができなかった。

最近まで義敏を援助していた勝元が、急に義廉支持に廻ったのは、一見奇妙であるが、実は将軍家の家督争いをめぐって勝元と貞親の間に大きな溝が生じていたために外ならない。では将軍家の内紛はどうして起こったのだろうか。

将軍家の内紛

将軍義政には女児が五人もあったが、世継ぎの男子はなかった。男児が生まれなかったのではない。前述のように長禄三年（一四五九）正月、正夫人富子が長男を生んだが、この男児は死産同様で、そのため今参が呪詛《じゅそ》の疑いで殺され、また寛正六年（一四六五）三月には、側室宮内卿局（赤松貞村の女《むすめ》）が男児を生んだが、富子が義政の子でないと言って排斥したのである。この三月の事件のとき富子はすでに妊娠していたのだった。だから、胎内の子が女児であったら、または、男児であっても育たなかったら、この側室の子が嫡子になるおそれがあるという危惧にかられて、生まれたばかりの赤児を母親もろとも追い出してしまったのは、それでなくても生来気が強くて日野家の権勢を鼻にかけている富子のことだけに、むしろ当然のやり方だったといえよう。

しかし義政としても富子のこの行ないを阻止できない弱みがあった。それはちょうど半年前に義政は弟の浄土寺門跡義尋《ぎじん》を還俗させて後継者に決めていたからだった。このとき義政はまだ三十歳、富子は二十四歳で、世嗣ぎの生まれる可能性は十二分にあった。のみならず側室が懐胎していることを義尋も聞き知っていたに違いない。だから義尋は再三辞退したのだが、義政はもし「今後、男子ができても襁褓《むつき》の中から僧侶にし、家督を変更することなどは絶対にしない。これは大小の神仏に誓って偽りないところである」という書面を渡して、むりやり承知させたのだという（応仁記）。

義政がこれほど家督決定を急いだのは、早く政治責任を逃れて、思うまま享楽生活に没頭したいという気持が第一だったろうが、同時に性格の合わない富子とその背後に控える勝光に対するレジスタンスでもあったに違いない。時に、どんな機会でも自分の勢力増強に利用しようとする細川勝元は、早速義尋の後見となり、寛正五年（一四六四）十一月これを自邸に迎え、義尋は翌月還俗して義視と名乗り、従五位下に任じられ、ここに正式に義政の家督となった。さらに義視は今出川の三条家旧邸に移り、今出川殿と呼ばれた。これらから見て、どうもこの家督決定の裏には、日野家の権勢を弱めようとする勝元が義政の心理に乗じて御膳立てをした形跡が多分にうかがわれよう。

ともかく、義視が家督になったことだから、富子が翌六年三月に宮内卿局母子を排しても、義政は文句がつけにくかったわけである。さらに同じ寛正六年の六月にも義政に仕える身分の低い女中が男児を生んだが、これは義視とその後見者の勝元の手前、義政みずから翌々月仏門に入れてしまった。ところがこの月に正夫人富子は着帯の祝いを行ない、十一月二十三日に無事男児を出産した。公卿・諸大名はこぞって参賀して太刀を献上し、幕府は歓びにわき立った。季瓊真蘂はこの有様を「万人歓呼、尤も天下太平の基なり」といって手放しで喜んでいるが、皮肉なことにこの赤子こそ天下太平どころか天下大乱の直接原因となる義尚《よしひさ》なのである。義政は義視と勝元のおもわくを考慮して義視を参議・佐近衛中将に推挙し、義尚の生まれた翌々日の二十五日、義視を連れて参内・参院して御礼を言上した。しかしもはやそれ以上は義政の自由にならなかった。赤子の義尚は翌月将軍家世継ぎ出生の嘉例に従って伊勢氏の邸に移され、貞親が育て親として専ら養育に当たることとなった。つまり幕府内には細川党・山名党の争いとは一応別個に、義視を庇護する勝元と義尚を擁する富子・勝光・貞親との対立が生じ、二人の将軍後継者が出来上ってしまったわけである。斯波氏の騒動で、勝元が貞親の後援する義敏から離れたのもそのためだった。

義尚を自邸で養育している貞親は、勝光・富子兄妹としめし合わせ、斯波家の騒動を種に義視を陥れようとし、義政に向い、「このように宗全・義廉らが京都に兵を集めて反抗の気勢をあげているのは、今出川殿（義視）が公方様（義政）を討とうとして宗全に命じたことです」と讒言した。貞親の讒言を信じた義政は、義視を捕えて殺そうとし、驚いた義視は庇護者勝元の邸に逃げこんで助けを求めた。

宗全は諸大名とともに連署して、「この大騒動が起こったのは、一に貞親・真蘂らが政治をかき乱しているためだから、彼らに切腹を命ずべきである」と要求した。勝元ももちろん即座に賛成して、これを義政に要請した。これを知った貞親は妾新造や有馬持家をつれて、いのちからがら近江に逃れ、真蘂もたちまち姿をくらまし、斯波義敏は分国越前に逃亡し、また山名方の襲撃を恐れた赤松政則までが風をくらって落ちのびた。文正元年（一四六六）九月六日のことである。事態がここまで来ては仕方がない。義政はやむをえず日野勝光を細川邸に遣わし、義視に勧めて今出川の邸に還らせ、斯波義廉を赦免して越前・尾張・遠江三国守護に復し、一方貞親の嫡子貞宗を召し出して伊勢家を相続させ、ようやく局面をつくろった。

宗全、富子と結ぶ

久しく対立を続ける宗全と勝元は、珍らしくも協調して義政側近の佞臣《ねいしん》追い出しに成功したが、もちろん両者の根本的な対立がこれで解消する筈はなく、貞親・真蘂という一種の緩衝地帯がとれた以上、両雄はいよいよここにむき出しの権力闘争に鎬《しのぎ》をけずる状態となったのである。あたかもこの文正元年、勝元は三十七歳にして初めて一子をもうけた。幼名聰明丸、のちに政元という。ところが勝元はそれまで長く子供がなかったので宗全の末子豊久を養子にしていた。そこへ実子聰明丸が生まれたので、勝元は養子豊久にせまって入道させた。これを怒った実父宗全は、すぐに豊久を寺から引きとり、還俗させた。宗全が怒るのも無理はない。勝元は将軍家の世継ぎについては義尚擁立に反対して義視を保護しながら、自分のこととなると逆にこの有様で、筋も道理もあったものではないのである。

宗全が勝元の権勢を何とかして挫きたいという思いを募らせていた矢先きに、恰好の提携者があらわれる。それは外ならぬ勝光・富子兄妹であった。貞親・真蘂らが没落し、側近グループの最も有力な一角を崩された兄妹が、宗全に接近し、その権勢と武力を当てにして、義視とその後見者勝元を打倒しようとしたのは至極当然の成行きである。そこで富子はひそかに宗全を召し寄せて義尚の後見を頼んだ。宗全が一も二もなく富子の頼みを承諾して、義尚支持、義視打倒を誓ったことはいうまでもない。彼は「今出川殿（義視）が世を治めるようになれば、勝元は執権となり、この若君（義尚）を仏門に入れるでありましょう。今某《それがし》がお頼まれしたからには、若君を守《も》り立てて天下の主とするのは、たやすいことでござる。御心を悩まされますな」と大見得をきって請け合ったという（但馬村岡山名家譜）。

自派の武力を一層強めて勝元打倒計画を推進しようとした宗全が目をつけたのは、さきに幕府軍を向うに廻して嶽山城に一年間も頑張り、勇名を馳せた畠山義就だった。あたかも斯波家の騒動、さらに将軍家の騒動に幕府がまきこまれ、軍勢が続々と上洛して分国が手薄になった隙に、義就は吉野山の奥から河内国に打って出て、九月二日、升形城を乗っ取った。義就の味方越智家栄もこれと示し合わせて本国の大和で挙兵した。管領畠山政長は河内守護代の遊佐長直に義就討伐を命じ、勝元も自派の興福寺衆徒成身院光宣を奈良から招いて、政長とともに戦略を練った。義就方は若江城にたて籠る遊佐長直を一戦にも及ばず駆逐し、みるみる河内・紀伊・大和一帯に勢力を拡げてしまった。これは将軍義政や管領政長のていたらくに不満で、勇将義就に属する国人が沢山いた証拠だが、同時に宗全のひそかな援助も見のがせない。宗全はいちはやく義就と連絡をつけ、姉の尼僧安清院を富子のもとに遣わして義就の罪を赦すように願った。まもなく畠山右衛門佐義就は幕府から赦免の通知を受け、一騎当千の士卒五千余騎を率い、堂々たる隊伍を組んで河内から京都に乗り込んだ。十一月二十五日のことである。その日の京都は、九年間も幕府軍に抵抗した名将を一目見ようと、弥次馬がひしめき、大変な混雑だった。

義就は入京するとまもなく義政に謁見を許され、続いて宗全の館を訪れて、「今度某《それがし》が出仕いたす事は、偏えに御芳志の御蔭で御座る」と感謝し、宗全も義就を歓迎して夜通し酒宴を張った。その翌朝、義就の宿所千本地蔵院の門の扉に何者かが落首を書いた。それは

右衛門佐いただくものが二つある　山名が足と御所の盃

とあったという（応仁記）。

一方義就に入京された管領政長は、自邸に高櫓を築き、厳重に堀をめぐらして防備に夢中となり、政長の被官の中には市中に出て放火し、手あたりしだいに兵粮を掠奪する輩もあり、情勢不穏のうちに文正元年は暮れた。

両軍の対峙

こうして迎えた文正二年（一四六七）は、やがて改元して応仁元年と呼ばれる年である。元旦から物騒な空気に包まれながらも、朝廷や幕府の当日の行事は、表面滞りなく華やかに繰りひろげられた。

しかしその蔭では、宗全・富子らの宿敵打倒の策謀が着々と進展していたのである。果して正月二日、恒例の将軍義政の管領政長邸御成りが、当日になって急にとりやめと発表され、政長はしばらく出仕を見合わせるようにと通達された。しかも一方同じ正月二日に、義就が晴れがましい姿で幕府の門をくぐり、義政に謁見して新年の挨拶を述べたし、続いて五日には、宗全の邸を借りて義政・義視および諸大名を招待し、これみよがしの盛大な祝宴を張り、その席上で、「政長の邸はもともと自分の邸であるから接収したい」と義政に願った。義政はすぐこれを聴き入れ、翌六日政長に使いを遣わして万里小路《までのこうじ》の邸を差し出すように命じた。政長は勝元の援助を頼みにして断乎これを拒否し、ますます防戦準備に大童《おおわらわ》となり、その執事神保宗右衛門尉長誠も二条京極の自邸から政長邸の前の仏陀寺に引き移り、この寺を政長邸と続けて堀をめぐらし、防禦陣地とした。

義政は宗全・義就らの要請を容れて政長の管領職を罷免し、斯波義廉を管領に任じたが、宗全は十五日に嘉例の椀飯《おうばん》（饗応）を義政に献じた後、軍勢を派して義視に強要し、今出川の邸から幕府に移らせ、ついで味方の諸将を召集した。宗全の招きに応じて参集した大名は新管領斯波義廉を始め、畠山義就・同義統・同教国・吉良義勝・一色義直・同義遠・仁木教将・土岐成頼・六角亀寿丸・富樫幸千代丸・赤松貞村の子千代寿丸らであり、山名一門では宗全の嫡孫政豊を始め政清・教之・永椿・宮田教実・豊之らで、一味の大名都合三十余人が雲霞のような軍勢を率い、花の御所を取り囲んで義政に迫り、「そもそも畠山義就が御赦免を蒙ったからには、万里小路の館へ移ろうとしたところ、細川勝元は政長を助け、一緒になって秩序を乱しており、これは上意に背き叛逆を図る基であります。上使を立てられて政長への加勢を中止させ、世間の騒ぎを静めて頂きたい」と要請した。義政はすぐ上使を勝元に遣わしたが、勝元は承知せず、「こちらから御返事を言上いたします」といって上使を帰し、急ぎ与党の大名を集めた。馳せ集ったのは、細川一門では成之・勝久・持賢《もちかた》入道道賢・政国・教春・成春ら、他家では吉良義直・同義富・赤松政則・同貞祐・京極持清入道正観・同勝秀・武田信賢・同国信・富樫鶴童丸らであり、また宗全の次男是豊はかねがね宗全に不満があり、勝元に協力して山城守護にもなっていたくらいなので、山名一門から離れて勝元のもとに馳せ加わった。かくて勝元方は内衆の安富元綱・内藤備前守らに命じて邸の周囲の辻々を固め、山名方から押し寄せたら畠山政長を扶けて応戦しようと、厳重に武装して日夜怠らぬ非常態勢に入った。

一方宗全は幕府に陣取って義政・義視を警護し、宗全の内衆垣屋・大田垣、義就の内衆遊佐・誉田・甲斐庄、義廉の内衆甲斐・朝倉らを幕府周辺の街路に詰めさせ、義政にしきりに上申して「勝元・政長らを御退治にならなければ、天下は静まりません」と述べ立てたが、さすがに義政は勝元追討を許さず、「諸大名が贔屓に募って両畠山に加勢することを禁止する」と命じ、勝元にも「政長に合力するならば叛逆とみなす」という御内書を下した。続いて義視も細川教春を呼び寄せて「政長と断交するように」と勝元に伝えさせたので、勝元も一応加勢を中止する旨を返答した。

御霊合戦

ここまで追いつめられては畠山政長も必死である。坐して自滅を待つよりは、挙兵すべきだ。まさか勝元も見殺しにはすまいと判断した政長は、宿老神保宗右衛門尉の勧めに従って、合戦に不便な館を棄て、洛北の上御霊社《かみごりようしや》に陣取ろうと、十七日の真夜中に自分の館に火をかけ、一族被官および成身院光宣らを引具し、折からの霙《みぞれ》まじりの風雪をついて賀茂河原を一気に馳け上った。但し、落ちのびればよいと心得えてそのまま逃亡する兵も多く、御霊の森にたて籠ったものは僅か二千に満たなかったという。

政長の挙兵を知った宗全は、敵に宮中へ乱入されては事面倒と、俄かに義政を通じて行幸・御幸を奏請し、後土御門天皇・後花園上皇をはじめ皇族・廷臣らを幕府に移して警固した。明けて十八日の早朝、手ぐすね引いた義就は手勢三千余騎のほか山名政豊をはじめ垣屋・朝倉らの率いる多数の援軍とともに御霊の森へ攻め寄せた。この森は南に相国寺の藪と大堀、西に細川を控える要害なので、義就方は北と東の口から攻め込んだ。遊佐河内守長直は馬から飛び下りて真先きに進み、朝倉弾正孝景（はじめ教景。敏景ともいう）も日の旗をかざして押し寄せたが、政長方は決死の覚悟で応戦するので、卯の刻（午前六時ごろ）から日暮れまで激戦を交えても勝敗は決せず、互いに夜戦は不利と、森の内外に分れて、一先ず軍勢を休息させた。

政長をここまで追い込んだのは、結局勝元を挑発して叛乱を起こさせ、将軍義政の命令で追討しようとする宗全の策略だった。そのため宗全はいちはやく義視を幕府に移し、義政・義視を取り囲んで幕府の諸門を配下の軍勢で固め、今や天皇・上皇まで幕府に移してしまった。勝元としては、今ここで挑発に乗ってはもちろん不利である。勝元は一族・被官と与力の諸大名を自邸に集結したまま、満を持して動かなかった。従って政長は勝元の援軍を待ちわびながら必死に戦って、敵味方にそれぞれ戦死者数十人という損害を出した。しかし政長もなかなかの名将であり、味方の救援が得られないことを見越して、いたずらに被害を多くするよりは兵力を温存して他日を期するにしかずと、翌十九日未明、拝殿に火を放って御霊の森から撤退し、行方をくらまして全軍落ちのびてしまった。『応仁記』には、「勝元はみすみす多年結盟の政長を見殺しにした卑怯者だ」と非難するものが多く、

　ふる具足伍両(御霊)まできて尾張殿　細川きれを頼むはかなさ

　細川の水無瀬《みなせ》をしらでたのみきて　畠山田はやけぞ失せぬる

などの落首が作られたが、勝元を弁護する者は、「将軍の敵になることを恐れて、恥辱をかえりみず堪忍した勝元は誠の忠臣だ」と、先祖の頼之のことまで持ち出して誉めたとある。もちろん卑怯者というのも忠臣というのも、まるで見当違いの批判である。

さて、勝利の余勢をかった朝倉孝景らは、二十一日に斯波義敏の実父持種の邸を襲って焼き討ちしたが、そのほかには何の合戦もなく、管領斯波義廉以下は戦乱平定を祝って義政に太刀・馬などを進上し、山名方の召集した分国の軍勢は本国に続々引きあげ、京都市中はまもなく平静に返った。二十

日にははや天皇・上皇も土御門内裏に還幸し、幕府では義政の五山長老招宴、政所内談始め、伺事始め、連歌会始めなど、恒例の行事がとり行なわれ、勝元を始めとして京極持清・赤松政則らの細川党諸大名も再び出仕して義政に謁見した。もっとも義政は正月二十八日の連歌会始めに際し、「風につれてやなみはよるらん」という句に「さきみてる藤ひとかたにうちみだれ」と付けており、戦乱に対する寓意をこの句に籠めているようである。次いで二月六日には富子の兄、日野勝光が権大納言から内大臣に進み、朝廷では盛大な任大臣節会が挙行され、朝廷も幕府もしばらくは祝宴気分で満たされた。勝光が押大臣とよばれるのは、この内大臣就任を強行したためである。

一方細川勝元も同じ日に石清水八幡宮奉納の千句連歌を催しており、人々も「今出川殿（義視）が仲裁して、細川殿と山名殿が和解に達しそうだ。まずは目出たいことだ」と噂して、安堵の胸をなでおろした。

応仁と改元

実はこうした祝賀気分・和平ムードの蔭で、さきに宗全に出しぬかれた勝元がひそかに与党を糾合して巻き返しを準備していたのだった。宗全・義就・義廉らは一時の戦勝に酔って、連日のように酒宴だ猿楽だといって浮かれていたが、細川方は表面譲歩・和睦をよそおいながら、それぞれ分国に密命を出して軍勢を集め、着々と戦備を固めていたのである。三月三日、上巳《じようし》の節句を祝うため宗全を始め、管領義廉・義就など山名方の諸大名は華美な衣装を着けて続々と花の御所に参集し、続いて義視邸に参上したが、勝元はもとより細川方の大名は一人も出仕しない。山名方は初めて細川方の陰謀に気づいて、さきに分国に帰した軍勢を大急ぎで再び京都に呼び寄せるという騒ぎになり、この日の夕方には宗全麾下《きか》の兵が細川方の小者一人を打ち殺すという事件まで持ちあがり、とんだ物騒な桃の節句になってしまった。

政情の不安定と治安の乱れは民衆生活の窮迫に一層拍車をかけた。去年の暮、近江坂本の馬借《ばしゃく》（馬方）が蜂起したのに引き続き、正月からは山城でも木津の馬借を先頭とした徳政一揆が蜂起して南山城一帯に拡がり、土倉・酒屋や寺社をしばしば襲撃し、そのため二月の末からは京都・奈良間の交通が何回も途絶する有様となった。朝廷では、昨年二月文正と改元したばかりであるが、兵革を避けたいという希望をこめて三月五日に応仁と改元した。また天文家は月や星の運行に異変がしきりに起こったことを告げ、朝廷では伊勢大神宮・東寺などに命じて兵乱回避の御祈禱をさせた。だがそうした世人の不安や朝廷の心配をよそに、戦乱の気運は高まる一方だった。

三月十四日に畠山義就は御内の甲斐庄某を遣わして、上洛してきた細川方の成身院光宣の被官を嵯峨の法輪橋に襲撃し、小者の一人を打ち殺し福住某を負傷させた。四月に入ると、山名の分国から年貢を運送してきた一隊を、細川方の軍勢が丹波の辺りで待ち伏せして奪い取るという事件が起こった。また三月末に細川庶流の天竺某の邸が丸焼けになり、人や馬が焼け死んだのを始め、頻々と人家や寺院が火災にあった。雑兵や盗賊による放火が大部分だったであろう。こうして三月も四月も両軍の戦争準備と小ぜり合いで明け暮れた。義政は細川・山名の両方に下知して挙兵を中止するよう命じ、義視はみずから勝元と宗全の邸に出向いて説得に当たったが、もはや何の効果もあがる筈がない。

五月に入ると細川方はとくに積極的な戦略を展開し、敵方の領土攪乱を開始した。赤松政則の一族政秀は軍勢を率いて旧本国の播磨に侵入し、旧赤松被官の国人多数を味方にして山名の分国備前・美作を荒らし廻った。斯波義敏の被官は旧分国越前・尾張・遠江に侵入して管領義廉の被官と各地で戦闘を交えた。同じく細川方の仁木氏の軍勢は山名の分国伊賀に侵入し、土岐氏の一族世保《よやす》政康は一色義直の分国伊勢に討ち入り、一色の被官石川道悟に戦いを挑んだ。また若狭には武田信賢が下向して丹後の一色勢を分国若狭から駆逐した。興福寺の大乗院門跡《もんぜき》尋尊は、このような各地の戦局を日記に書いて「一天の大乱となるべきかと云々」と心配し、「所詮東西南北、静謐《せいひつ》の国これなし。珍事珍事」（大乗院寺社雑事記）と歎いている。もはや誰が見ても大乱の勃発は目前に迫ってきたのである。

戦雲都をおおう

京都では両方の分国から陸続《りくぞく》と国人が上洛して、日一日と情勢は険悪化した。入京したのは、細川方では勝元の分国摂津・丹波・讃岐・土佐、一族成之の分国阿波、成春の分国淡路、常有・持久の分国和泉、勝久の分国備中の各軍勢、斯波義敏の旧分国越前、京極持清入道の分国出雲・隠岐・飛驒、富樫政親の分国加賀、山名是豊の分国備後・安芸、武田信賢の分国若狭などの各軍勢であり、山名方では宗全の分国但馬・播磨、一族豊氏の分国因幡、政清の分国石見・美作などや斯波義廉の分国遠江・尾張・越前、畠山義就の分国河内・紀伊、同義統の分国能登、一色義直の分国丹後・伊勢・志摩、六角高頼の分国近江、土岐成頼の分国美濃などから、それぞれ多数の兵が京都に集まってきた。そうして両軍とも連日の五月雨《さみだれ》を物ともせず、陣地の構築に狂奔し、手あたり次第に寺々や屋敷から竹木を伐って取り、塀や櫓《やぐら》を築くものども、勝手に道路を掘り返して空堀を造るものども、武器や糧秣《りようまつ》をあわただしく運送する士卒などで、市街は喧噪をきわめ、市中から溢れた武士は近郊まで野営している。それでもなお両軍の軍勢は連日上洛し、十六日には例の摂津の富豪の国人池田充正が、馬上十二騎で野武士千人ばかりを率いて入京し、細川の陣営に加わった。十五、六日ごろからはいよいよ市内で両軍の兵の間に小ぜり合いが頻発し、その混乱に乗じて落武者や野盗の集団が徘徊して民家に押し入り、毎晩のように火事が頻発する。公家衆や京都市民は生きた心地もなく、不安におののきながら女子供を避難させたり、荷物をまとめて疎開したりして、京都内外の大混乱は募る一方であった。

正月の失敗に懲りた細川方は、いちはやく花の御所の幕府から義視の今出川邸、さらに細川邸へと続く市街の北部および北東部一帯を固めて陣営とし、勝元は一族成之・常有・勝久らと斯波義敏・京極持清・赤松政則・武田信賢・山名是豊ら与党の諸大名を結集して幕府を警固し、御霊の合戦でいったん行方をくらまし河内の奥にひそんでいた畠山政長も立ち戻って、軍勢総べて十六万余と称する大軍を擁している。一歩出おくれた山名方も、ようやく九万余の軍勢が集まり、宗全の邸や管領斯波義廉邸を含む市街の西部から中央部にかけて陣地を構え、宗全は教之・勝豊らの一族や斯波義廉・畠山義就・六角高頼・土岐成頼・一色義直らの面々とともに十七日には義直邸に、二十日には義廉邸に集合して作戦会議に余念がない。両軍の陣形はかなり入り組んでいるが、本営の細川邸・山名邸の位置によって、それぞれ東軍・西軍と呼ばれる。五月も下旬に入ると、うっとうしい梅雨もようやく晴れ、炎熱の陽光が燦々と輝き始めたが、反対に戦雲は京都をおおい、大戦乱の勃発は刻々と迫っていった。時に宗全六十四歳、勝元三十八歳の夏である。

東西両軍の激闘

大乱開始

戦機はついに熟した。五月二十四日まず東軍の成身院光宣は行動を起こし、味方の本営近くに突出している西軍一色義直邸に隣接する土倉《どそう》正実坊を急襲して占拠した。敵に先手を打たれた義直は、東軍の包囲下にある自邸を捨てて山名の陣中に退却し、光宣はすかさず一色邸を占領した。幸先《さいさき》よしと喜んだ勝元は、義視を今出川の邸から幕府に移し、自分は幕府の四足門の内に本陣を構えて全軍の指揮をとることとし、一門・他家の諸大名を召集して評定し、総攻撃の手筈を整えた。その配置は、大手の口の北には薬師寺与一兄弟の率いる摂州勢・大和勢、大手の南の実相院には香川・安富の率いる讃州勢と長塩・奈良・秋庭の面々ならびに武田勢、舟橋口より下は細川下野守教春・丹波守護代内藤備前ならびに赤松勢、百々《どど》の透《すき》には三宅・吹田・茨木・芥川らの摂津衆、安居院大宮には安富民部丞の手勢、十王堂・花開院へは京極・世保《よやす》ならびに斯波義敏の勢、中筋花の坊の透には細川持賢入道に土佐の国衆をつけ、大手薬師寺の勢の鬨《とき》の声を合図にいっせいに攻め込めと指令した。

かくていよいよ二十六日の払暁寅の刻（午前四時）、東軍は大手の口から太鼓を鳴らし、どっと鬨

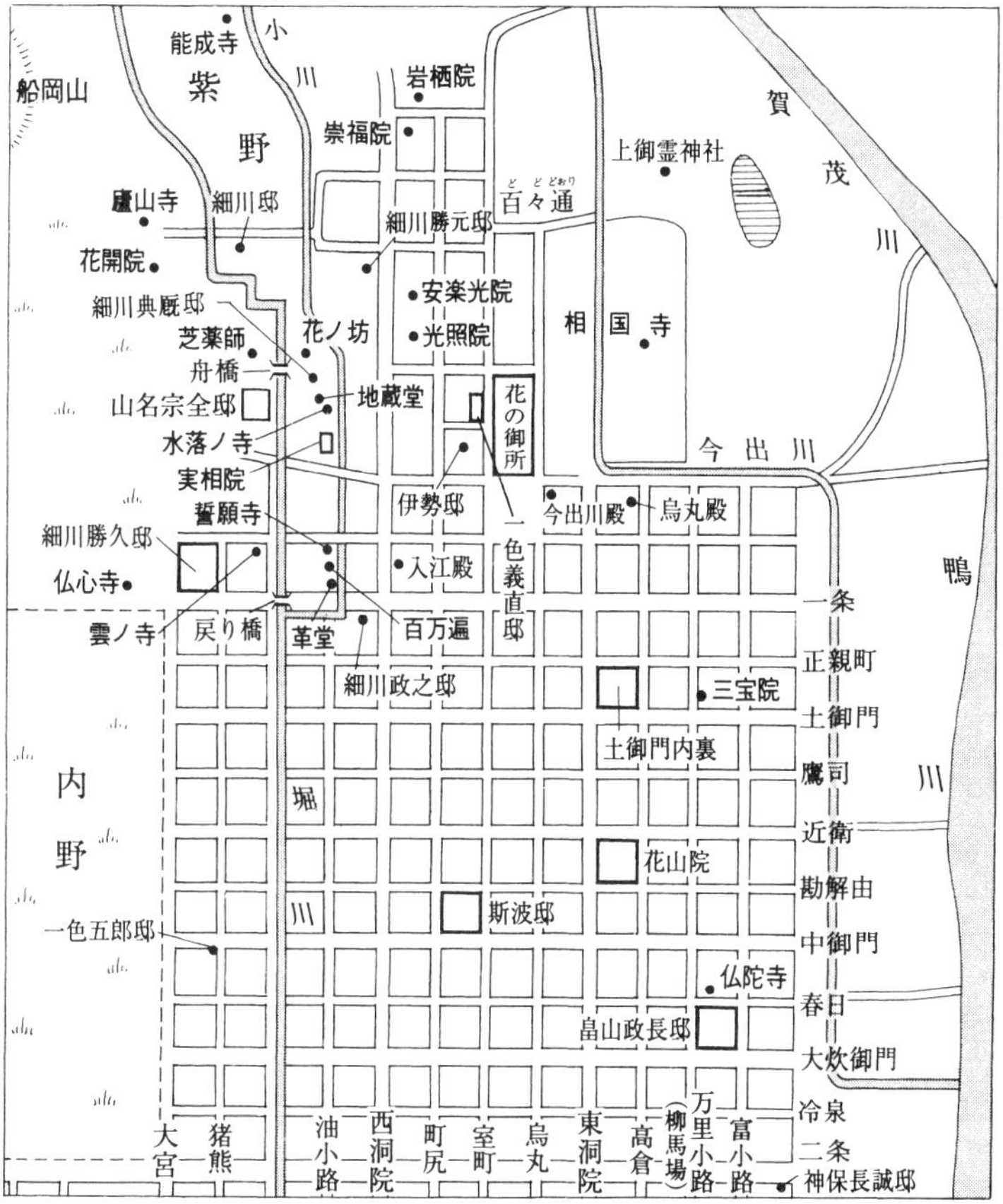

応仁の乱当時の京都市街北部

の声をあげて攻撃を開始、すかさず諸方から一度に鬨を合わせて敵陣めがけて討ちかかり、ここに大乱の火蓋は全面的にきられたのである。西軍は山名の御内垣屋越前守の嫡子二郎左衛門、同越中守の子息孫左衛門をはじめ山名勢の主力一万五千人が実相院・正実坊へ馳せ向い、それより南は一色勢、舟橋口は山名豊氏の因幡勢、同政清の石見勢・美作勢と近江の六角勢が防戦に努め、花の坊は畠山義就が大和勢・熊野勢を率い、大宮口は宗全の嫡子教豊に土岐成頼の美濃勢というように、持場々々で東軍と渡り合い、両軍は随所で激突を重ねた（応仁記・応仁別記）。

両軍の攻防

東軍の中でも大手の細川勢は、「御霊合戦の時に傍観したといわれる恥を雪《すす》ぐのはこの時」とばかり、山名の陣の正面に隙間もなく詰め寄って、攻め込んでは追い出され、駆逐されればまた攻めよせて勇戦奮闘を繰り返し、火箭を飛ばして敵の構えを盛んに焼き払った。山名方は正月末に多数が分国に引きあげて手薄のため、大田垣以下は東軍の猛攻撃を支えかねて芝の薬師堂まで退却し、宗全に属していた一部の備後勢の加勢を得てようやく陣容を立て直し、必死の防戦に努めた。

一条大宮の細川備中守勝久の館は、西軍の方に出張っている陣地なので、この方面は西軍の逆襲を受けた。この手の西軍は時の管領斯波義廉を大将とした甲斐・朝倉・織田・鹿野・瓜生らの越前・尾張勢一万余騎に、山名教之の一族布施左衛門佐が加わり、新手を入れ替え入れ替え攻めたので、東軍は苦戦に陥った。味方の難儀を知った東軍京極持清は、一万余騎の近江勢を率いて救援に馳せ向い、一条戻《もどり》橋を越えて西側に打って出たが、義廉御内の猛将朝倉孝景（敏景）は馬から飛び降り打物取ってみずから敵五、六人を斬り倒したので、勢いづいた甲斐・織田・瓜生・鹿野らの面々も一斉に突撃してたちまち三十七人の敵を討ち取った。切り崩された京極勢はわれ先に退却し、或いは戻り橋の上でもみ合って川に顚落し、或いは岸から折り重なってなだれ落ち、見る見る多数の死傷者を出した。山名宗全は大手の大田垣勢の負け軍に茫然としていたが、孝景の勇戦ぶりを聞いて大いに悦び、着替の具足と馬・太刀を褒美として与えたという（「応仁記」、但し「応仁別記」はこの孝景の奮戦を六月八日のこととしている）。

細川勝久は館にたて籠って四方から攻め込む敵を追い払い、昼夜を通じて必死の防戦を行なっていた。そこへ、赤松政則がわずかに三百余人の手勢で救援に駆けつけ、「細川備中守をむげに討たせては弓矢取る身の瑕瑾《かきん》にあらずや、いざ人々馳せ入って、備中守とともに討死せん」と呼ばわり、切先《きっさき》をそろえて一条大宮猪熊《いのくま》を攻め上り、「赤松という剛の者が備中の衆に力を合わするぞ、進めやものども、勇めや城中の兵」と大音声をあげて味方をはげまし、甲斐・朝倉らの西軍に攻めかかった。昼夜勝久の館を攻めて戦い疲れた西軍は、人家の軒の重なる小路軍《いくさ》のこととて、赤松の小勢に攻め立てられて廬山寺の西まで引き退き、東軍はその隙に勝久の館にみずから火をかけて虎口を脱《のが》れ、細川成之の陣営まで撤退した。勝久邸の陥落により勢いを盛り返した西軍は、勝に乗って一挙に成之の館めがけて押し寄せ、攻防戦を展開した（応仁記・応仁別記）。

都の惨状

両軍は二十六日の明け方から二十七日の日暮れまで以上のようにいたる所で激突し、火花を散らす市街戦を繰り返した。ことに諸大名の館の立ち並んでいる市中の北西部を主戦場として、東は百万遍（知恩寺）、西は船岡山から一条大宮にかけて、南は二条の辺り一帯で両軍の死闘が続けられ、概して中部、南部では東軍が優勢であり、北部の戦線では西軍が進出したが、双方とも決定的な勝利は収められなかった。近衛政家の日記には「両方の手負死人その数を知らずと云々。然りといへども雌雄未《いま》だ決せずと云々」（後法興院記）とあるが、それもその筈、両軍合せて二十数万に上る大軍の市街戦が、一日や二日で片づくわけはなかった。けれどもこの激闘で両軍ともすでに相当の損害を出した。『応仁記』は「両陣互に軍を止て颯《さつ》と引て見れば、西陣には千本、北野、西京迄、死人手負不レ臥《ふせざる》所は尺寸の地もなかりけり。又東陣も、上は犬馬場、西蔵口、下は小川、一条まで足を下す処なく手負死人なりけり」とその惨状を描写している。わずか二日間の兵火による焼失地域も驚くばかり広く、東軍側では細川常有・同成春・同勝久の館、西軍側では山名成清・同政清・一色義直などの館がいずれも炎上し、また窪寺・百万遍（知恩寺、一条油小路の北にあった）・革堂・浄善提寺・新善光寺・廬山寺・安居院の花の坊など多くの寺々も一ぺんに灰燼となってしまい、酒屋・土倉をはじめ民家も数知れず焼け失せたのであって、両軍とも人的・物的被害は甚大であった。

勝元の心理作戦

もっとも、この緒戦では、いく分東軍が優勢で、もう一日攻めれば山名の本陣は陥落しただろうといわれたが、細川方も激戦に疲れ果てて休息し、勝元は馬廻衆四、五千を率いて、花の御所の四足門の傍に作った陣地に控え、義政・富子・義尚・義視らのいる幕府を固めていた。それから数日間、両軍は小ぜり合いを繰り返していたに過ぎないが、この間に勝元は一流の心理作戦を準備していた。

果してまもなく六月六日に花の御所の四足門には一旒《いちりゅう》の旗がひるがえった。これは勝元が義政に申請した山名家追討の軍旗である。宗全に気脈を通じる日野勝光・富子兄妹はこの軍旗の交付に反対したが、勝元は押し切って義政から貰い受け、早速掲げたのである。また義視を山名討伐の総大将としてかつぎ、さらに義政に迫って西軍諸大名に宛ててしきりに内書を出させて投降を促した。将軍家の権威を利用した勝元の心理作戦は幾分の成功をみせ、西軍の斯波義廉・六角高頼・土岐成頼らは東軍に降服しようとしているという噂が流れたが、しかし、具体的な効果は期待できなかった。もはや将軍の権威よりは武将の実力の方が遥かに物を言う時代になっていたのである。

西軍劣勢を挽回

御霊合戦以後の油断のため受身にたたされた西軍も、しだいに陣容を立て直し、六月八日から再び両軍は激しい戦闘を交えた。とくに西軍の勇将朝倉孝景は十一日に細川成之の陣を猛攻し、十五日には武田信賢の勢を二条辺で迎え撃ち、八十余人の敵を討ち取る戦果を収めた。しかし宗全以下が最も力を入れたのは、劣勢な兵力の補充であり、毎日飛脚を味方の分国に遣わして、軍勢の入京を促したので、西軍の兵力増強もようやく軌道に乗ってきた。六月中旬に入ると大和の古市胤栄らが入京し、紀伊・河内からは畠山義就の養子次郎義豊の軍勢が京都に迫った。東軍は京都西南郊の西の岡・中脈《なかすじ》の国人衆に命じてこれを防がせ、国人等は義豊の軍勢を桂川の物集女《もずめ》縄手に迎え撃ったが、河内・紀伊勢はこれを蹴散らしてやすやすと入京した。山名の分国但馬の垣屋・八木・甲斐庄・大田垣、因幡の伊達・波多野・八部・山口、伯耆の小鴨・南条・進・村上など山陰一帯の西軍もこの間に勢揃いし、八ケ国三万余騎と称する軍勢が細川の分国丹波を突破して入京しようと計り、六月八日から但馬・丹波の国境を越えてひたひたと押し寄せた。勝元御内の丹波守護代内藤貞正は、国境の夜久《やく》郷まで打って出てここを先途と防戦に努めたが、多勢の敵をとうてい支えきれず、一族若党ら数十人討ち死にという損害を出して敗退した。

また山名勢の東進に対抗して、東軍では播磨の赤松勢宇野上野入道・大田三郎以下が美作に侵入し、南峡・塩垂山に陣取って敵の後方を脅かそうとしたが、美作の守将山名掃部頭は逆襲して宇野・大田らを美作から駆逐してしまった。こうして東軍をなんなく追い散らした山陰の山名勢は、月末までに陸族と上洛して西軍の陣営に入った。

東軍も地方の軍勢を上京させて兵力の優位を維持しようとしたが、細川内衆の安富左京亮盛保・香川五郎次郎の率いる讃岐勢が二十四日に入京した程度にすぎず、すでに大軍を京都に集めている東軍側は、西軍に比べて兵力増強の余裕に乏しかった。京都市中でも東軍は次々と新手を繰り出して、宗全の陣や管領義廉の陣を攻撃したが、二十五日にようやく塁の一つを攻め取っただけで、戦果ははかばかしくなかった。しかも両軍は、陣地はもとより附近の建物にも手あたりしだいに放火して戦うので、焼失区域だけがむやみに拡がり、武将では東軍の富樫政親・細川成之の館、西軍の山名教之の館などが焼け落ち、公家では久我《こが》家・山科《やましな》家などの邸が類焼し、寺社・民家も莫大な被害を蒙った。

大内政弘

西軍の増強によって両軍の旗色はほぼ互角に近くなり、七月に入ってもこの形勢は容易に崩れそうに思われなかったが、局面に一大変化を与え、西軍を大いに勇気づけ、東軍に脅威を与えたのは、周防・長門・筑前・豊前の守護大内政弘が西軍に参加するため畿内に進攻しつつあるという情報だった。周防の山口を本拠とする大内氏は前々から九州に勢力をのばし、博多商人を支配下に収めて対明貿易・対朝鮮貿易を積極的に展開し、兵庫商人・堺商人を傘下に入れた細川氏と貿易の実権を張り合っていた。そのため一昨年の寛正六年（一四六五）讃岐・土佐の細川勢が伊予に侵入してその守護河野通春と交戦したとき、政弘はみずから四国に出陣して通春を援け、土佐守護代新開之実らを討ち取って細川勢を駆逐した。勝元は義政に願い大内氏追討の幕命を出してこれを攻撃し、政弘の部将陶弘正《すえ》は安芸で幕府軍と戦って討ち死を遂げた。大内氏は細川氏とこれほどの敵対関係にあったので、京都の戦雲が濃くなると、政弘は直ちに山名宗全に応じ、伊予の河野勢および石見の山名勢を合せて大軍を編成し、五月十日に山口を進発し、海陸に分れて東上した。陸路は部将豊田・杉修理らに任せ、政弘自身は陶弘房・杉右京亮・内藤駿河らの宿老を始めとする大内勢の主力を率い、途中で伊予の河野通春の軍勢も加えて、兵船すべて五百余艘、兵員二万余という大部隊をもって瀬戸内海を東進し、七月二十日、兵庫に上陸した。

勝元は大内勢の入京より先に洛中の敵陣を抜いて勝利を占めようと、二十四日を期して再び総攻撃を命じた。翌日にわたり東軍は猛攻を続け、義廉の部将甲斐左京亮を始め名のある武士を何名も討ち取った。しかし西軍は大内勢の入京まで支えようと必死に応戦するので、東軍の攻撃も効なく、細川勢も部将能勢源左衛門尉頼弘・弥五郎父子以下多数が討ち死し、赤松政則の加賀守護代間嶋河内守は義廉の陣の櫓《やぐら》の下まで攻め込んで大石に冑《かぶと》を打ち破られて圧死する有様で、東軍の総攻撃は失敗に帰した。そこで勝元は大内勢を分国摂津の辺りで喰い止めようとして、摂津守護代秋庭《あきば》備中守元明に赤松勢を添えて急派し、また部将斎藤藤右衛門尉らを堺に派遣し、摂津・和泉に在国する国人衆に協力を命じ、沿道の各所に要害を急造して、要撃態勢を整え、敵軍の来襲に備えさせた。

さて、大内政弘は八月三日に兵庫を発し、まもなく有馬郡本庄山・小清水の付近で東軍の先鋒と接触してこれを追い散らし、十日には河辺郡の難波水堂に進出した。浦上・小寺・在田・本郷らの赤松勢は大内勢の河野・問田・陶・杉・内藤らを迎え討って勇敢に防戦したが、摂津守護代秋庭の勢は大内方の河野政通に切り崩されて敗走した。赤松勢は敵の重囲に陥って多数が討ち取られ、わずか三百騎ばかりとなったが、一方へ切って出てようやく播磨めざして落ちのびた。味方の敗戦を見た摂津国人池田はたちまち大内方に降参し、かねがね秋庭元明に恨みのあった国人三宅らも大内方に寝返ったので、洪水が堰を切って奔流するように、大内・河野勢の大軍はほとんど何の障害もなくひた押しに押して摂津全域を攻略し、二十日には早や淀・山崎の線に達して京都盆地に進出し始めた。義廉の陣を攻めあぐんでいた洛中の東軍は、大内・河野勢の侵入を迎え討つ気力もなく、それぞれ自分の構えを焼いて撤退し、防備に大童《おおわらわ》となった。

二十三日、大内・河野勢は堂々と京都南郊に到着し、政弘は東寺口から入京して山名の陣の西を回り、船岡山に陣を張った。西国の大軍の来着に勇み立った宗全・義廉以下の西軍は、直ちに攻勢に転じた。宗全らの立てた攻撃計画は、まず下京の敵を駆逐して東軍の東側に廻り、土御門の皇居と相国寺を占領し、御霊口を押えて敵の退路を塞ぎ、北西側の大内勢と呼応して東軍を完全に包囲しようというのである。西軍はこの作戦計画にもとづき即日一斉に行動を開始したので、攻守所をかえた勝元は、戦線を縮小して防禦に専念することとし、同日のうちに、一族教春らを土御門の皇居へ遣わし、後土御門天皇・後花園上皇に幕府への遷幸を奏請した。天皇・上皇は急遽三種の神器を奉じて花の御所に臨幸し、義政・富子・義尚以下の住む幕府の一隅に窮屈な仮住まいの日々を過されることとなった。廷臣・女官らは「正月に引き続き、一年に両度の遷幸とは、まさしく天下滅亡の基だ」と悲歎にくれながら、中御門西園寺殿の京極陣や二条烏丸の武田陣などに逃れ集まった。

足利義視の逐電

大内勢の入京により西軍の気勢があがったのと対照的に、東軍は意気銷沈したが、東軍側の士気をますます沈滞させたのは、同じ二十三日に、東軍の総大将である筈の義視が逐電したことだった。そもそも義視は大乱勃発直前から勝元に擁せられて幕府に暮らしていたが、もちろん総司令官とは名ばかりで、何の実権も与えられなかった。そればかりか同じ幕府の中には義政将軍のほかに、宗全と組んで自分を亡ぼそうとした富子夫人が義尚とともに起居しており、日野勝光も始終出入りしているし、義政の近臣侍女の中にも彼らに手なずけられて西軍に心を寄せる者が少なくない。従って義視は、いくら勝元の庇護があるといっても、幕府で過す毎日が剣の上に坐っているように不安であったに相違ない。その上義政は大乱が始まる直前に、さきに宗全ら山名方諸将の圧力で近江を経て伊勢に出奔していた伊勢貞親を幕府に呼び戻そうとした。義視は極力反対して貞親の入京を阻止しようとしたが、義政は聴かずに使を派したので、貞親は伊勢の関氏・長野氏らの軍勢に守られて上洛の途につき、五月三十日以来、洛東の花頂山に待機して入京の機会を窺っていた。だから、義視が寸刻も安心していられなかったのは無理もない。

そこで義視は勝元に頼んで今出川の邸に帰るとともに、その力を借りて、六月十一日、山名方に内通している気配のある近習と奥女中数名を幕府から追放し、内通の首謀者とみなされる奉行飯尾《いのお》為数父子を幕府の東門の前で討ち殺したので、内通騒ぎは一応おさまった。けれども内通の真の首謀者が奉行や近習ごときでないことはいうまでもない。それゆえに大内勢が京都に迫り西軍の旗色が優勢になると、幕府の内にはまたも不穏な空気が漲《みなぎ》り、将軍近習の者どもが細川方を追い出して山名方を幕府に入れようとしているという風評が流れた。義視はもはや一日も京都に安閑としていられない。彼は大内勢の入京と天皇・上皇の臨幸で幕府の内外が上を下への騒ぎを演じている隙を窺い、八月二十三日の戌の刻（午後八時ごろ）、公卿北畠（木造《こづくり》）中納言教親の手引きでひそかに邸を脱出し、六百人ほどの供を連れて伊勢をめざして落ちのび、二十九日に教親の同族である伊勢国司北畠教具に迎えられて寄寓したのである。自分の傀儡《かいらい》であった義視の脱出は、勝元にとって大内勢の入京に劣らぬショックだった。勝元は後《おく》ればせながら義政に強要して、幕府内の粛清を断行することとし、西軍方通謀の近習二十数名を放逐し、そのうち三、四名を追い討ちにしていくらか腹の虫をおさめたが、東軍の士気がますます沈滞するのは防ぎようもなかった。

攻勢に転じた西軍の畠山義就・同義統・土岐・六角らの軍勢が、九月一日、武田信賢のたて籠る三宝院（土御門万里小路《までのこうじ》にあった）に押し寄せた。武田方の守りは堅く、中でも信賢の弟安芸守基綱は大力の勇者で、手勢二千人ばかりで三宝院の門の片扉を開き、卯の刻（午前六時ごろ）から申の終り（午後六時近く）まで十数度にわたって押入る敵を駆逐し、紀州熊野の侍野老《ところ》源三という剛の者と一騎打してこれを討ち取ったという（応仁記）。しかし西軍はついに三宝院に火をかけて焼き払い、つづいて京極勢の守る浄華院《じょうげいん》を攻略し、下京に分散している東軍を追いまくった。船岡山に本陣を置く大内勢もこれに呼応して洛北を東進し、鴨川の近くまで進出して着々と包囲網を作り上げた。こうして十三日に室町第と勝元の館に正面攻撃をかけ、ついに畠山義就は皇居の土御門内裏の留守を預かる東軍を駆逐して皇居を占領した。

一方さきに大内軍に追われて四散した摂津・播磨の細川勢・赤松勢の分遣隊は、西軍が洛中の合戦に主力を投入している隙にようやく集結して帰京を計り、東寺口から東山の麓の東岩倉に迂回し、南禅寺の裏山に陣を布いて、洛中の東側に進んでいる西軍の後方を脅かした。西軍は南禅寺口・粟田口・山科口等に陣取り、十八日から連日岩倉山の敵陣に攻撃をかけたが、浦上則宗以下の赤松勢・細川勢は大石を落し、礫を打ち、散々に射下ろして、これを谷底に追い落した。この激戦にまぎれて盗賊がかけた火のため南禅寺・青蓮院《しょうれんいん》など、洛東の寺々も炎上した。十月二日分遣隊は敵のいったん退いた隙に神楽岡から御霊口へと迂回して、ようやく東軍の陣中に復帰した。赤松政則は宿老浦上則宗以下が敵の重囲を突破して無事帰還したことを喜び、勝元も彼らの働きに感嘆したというが、東軍側の成果として数えられるのは、せいぜいこの撤収作戦の成功ぐらいのものだった。

相国寺合戦

東軍を洛中の東北隅に追いつめて包囲した西軍は、いよいよ敵陣を中央突破して細川邸と花の御所の幕府を分断する作戦に移り、十月三日、主力を投入して花の御所の東隣に当たる相国寺に猛攻を加えた。相国寺は三代将軍義満の建立した五山第二位の禅寺で、広い境内には本堂・七重の塔をはじめ宏壮な伽藍が聳え、多数の塔頭《たっちゅう》が櫛比《しっぴ》しており、東軍屈強の陣地となっていた。東軍はこの寺を敵に取られては味方が総崩れになってしまうので、相国寺を中心に南東は烏丸《からすま》邸・高倉邸、南西は今出川邸に陣を張り、懸命の防戦を行なった。西軍は寺僧の一部をかたらって寺内に火をかけ、その火烟を合図に畠山・大内・一色・土岐・六角らの軍兵二、三万人が、一条室町から東、烏丸・東洞院・高倉まで四、五町の間を一面に切って上った。高倉邸と烏丸邸を堅めていた京極勢・武田勢は、火の手を見て「はや敵軍が相国寺へ乱入した」と早合点して退却した。伊勢の関民部少輔と備前の松田次郎左衛門尉は五百余騎で今出川邸を守備していたが、松田は幕府に馳せ入り、義政の御前に参上して、「洛中の合戦、今日を限りと見及びました。御盃を頂戴し、生前の面目、冥途の土産に致しとうござる」と言上し、盃を三度頂いて立ち出で、奮戦して討ち死を遂げた。関民部は支え切れず今出川邸を捨てて退いた。

相国寺には勝元の部将安富民部丞元綱・同三郎兄弟、伊勢の国人長野弥二郎らが、十六歳の細川六郎を擁して三千余騎でたて籠っていたが、東門を守備する長野衆は、寺中に火の手が拡がるのを見て動揺し、これも悉く退却した。安富元綱・三郎兄弟は、六郎の馬廻衆五百余騎ばかりで惣門を固守し、門前の石橋から攻め入る大敵を追い散らしていたが、元綱は舎弟三郎を呼んで「合戦は今日が最期だ。この惣門が破れれば勝元の御大事に及ぶぞ。俺はここで討ち死する。お前は六郎殿を扶《たす》けて、鹿苑院を駆け抜けて四足門へ参り、加茂の辺りへ屋形（勝元）を御連れして丹波へ逃がし申せ。この敵の隙間ない攻め方を見れば、花の御所も危険だ、急げ」と言うところへ、東門を破った敵がなだれ込んで来たので、元綱兄弟も細川六郎も、馬廻りの士も、その場で奮戦して皆壮烈な討ち死を遂げてしまったという（応仁記）。元綱の戦死は事実であろう。しかし細川六郎というのは教春の子で勝元の猶子となっていた勝之のことで、これは文明五年二十六歳で入道しているとあるから（尊卑分脉）、この合戦に討ち死したというのは誤伝であろう。

味方の苦戦を見た赤松政則は、惣門の内、蓮池の表に頑張って畠山・大内・土岐勢の西軍と渡り合い、数刻の合戦に一族太田三郎・安丸与次郎をはじめ、被官五十三人が討ち死した。政則も既に危く見えたが、浦上則宗・安丸河内守らが身をもってかばい戦ったのでようやく戦死を免れた。そのほか武田治部少輔国信らも猛火の中で陣地を死守したので、寄せ手の西軍も疲れ果て、薄暮にいたっていったん矛をおさめた。七重の塔を残して焼け落ちた寺域の内外には敵味方の死骸が累々と横たわり、廻りの堀も死体で埋っている。その中を大内・土岐勢は討ち取った首を車八両に積んで西陣へ引きあげた。

しかし西軍は翌四日、相国寺の焼跡に陣を取り、西隣の幕府を直接脅かし始めたので、東軍は懸命な奪回策を計らないではいられなかった。翌日まず四国の住人一宮入道勝梅なるものが、勝元の前へ進み出て、「安富も石橋で討ち死し、赤松衆も馬廻衆も多数討ち死・手負となりましたが、某《それがし》一人でも打ち立って敵を追い出し、ひと防ぎいたすから、御心安く思し召せ。某が討ち死いたした時は、次の御支度を願いとうござる」と言いきって、大太刀をかい込んで惣門へ出て、仁王立ちになって敵を待ち受けたという。

阿波・三河の守護細川成之は備中守護細川勝久を伴ってこの時幕府に参上したので、人々は義政を落ちのびさせる警固かと思い、富子夫人も春日局を通じて成之に「この情勢はどうであろう、一先ず鞍馬辺より若狭・丹波にでも御供を申せ」と言わせた。しかし成之は「御敵ども蜂起と言ってもこの上何事がありましょうや。われら細川家の者が五人も十人も討ち死いたしました時は、どこへなりとも御連れ申しましょう。東西の敵は只今被官どもに申しつけて追い払います」と返答した。成之は続いて畠山政長・山名是豊・有馬元家・武田国信らの詰めている前を「かたがたは敵を差し置いて此処に居られたのか」と言って通り、四足門へ馳せつけて、勝元に向い、「相国寺の焼跡に敵が陣取っておりますが、これではこの構えの通路が塞がれ、公方（義政）の御警固も危うくなります。敵軍が陣を堅めてしまわないうちに、即刻軍勢を遣わして、寺中の敵を追い出されるべきです。さもなければ幕府を固める軍勢はみな鼎《かなえ》の中の魚も同然になります」と言った。勝元は「某《それがし》もさように存じて、さきほど山名是豊に申し遣わしたところ、『近日百々《どど》の口を守って昼夜合戦をし通しており、この口を打ち捨てれば即時に構えを破られましょう』と申すので、誰か他に適当な人を向わせよう」と言うところへ、秋庭元明が進み出て「畠山左衛門督殿（政長）を御向けになるべきです。千騎万騎をも一度に切り崩す大将は恐らくこの人と言われています」と申し上げた。勝元は政長を呼んで「相国寺跡の敵を追い払わなければこの構えが難儀に及ぶのは必定。どうか政長殿は大将となって追伐して頂きたい。御承知あれば軍中第一の名誉であり、公私とも至極の御忠義でありましょう」と言った。政長は「われら発向いたすは安きことと」と即座に承諾し、「されど御霊合戦以後牢人いたし、軍兵わずか二千に過ぎませぬ。敵は義就を始め大内・一色・土岐・六角およそ二、三万もあるかと存じます。加勢を給わりとうござる」と援兵を乞うた。成之は政長の承諾を悦び、その場で被官東条近江守を加勢に差し添えた。

政長も東条も花の御所の四足門をたって室町を北に打ち上るところを、見物の者どもは、「敵は相国寺の跡から内裏まで尺寸《せきすん》の隙もないところを、この小勢でどんな合戦をするのか」とささやいたが、政長は馬上で大音声を上げて「たとい敵が百万人であろうと、必ず切り崩して見せよう。当陣の人々心安く思われよ。この合戦は某《それがし》一人の惣勝ちとなろうぞ。人々証人となりたまえ」と呼ばわりながら馳せ上った。西軍は仏殿の跡から山門の前まで七、八千人が六角高頼勢、山門の跡には一色勢、その南の惣門の前には畠山義就勢が控えている。これを見た政長は宿老神保宗右衛門長誠の進言を容れて一、二百帳の楯を真向いにかざし並べ、一団となって正面から敵陣に突き進み、楯を一度に捨て一斉に槍をもって突きかかれば、かねて示し合わせて東の河原に廻った東条近江守以下二千余人の細川勢は側面から、これも槍を手にして敵中に突入した。政長、東条はそれぞれ真先に進み、士卒は主君を討たせじと我も我もと突撃したので、六角勢はたちまち六、七十人討ち死し、残る軍兵はなだれを打って逃げまどい、山門の一色勢も六角の敗兵に妨げられて槍さばきがきかず、ただ一戦に敗北し、一色被官石川佐渡守を始め六角・一色両衆合わせて侍六百余りが討ち死した。政長・東条はその首どもを打ち取って「昨日花の御所の惣門で車八両取られた首の返報に、六角方・一色方の首八百では不足だが、勘弁いたす」と大声に呼ばわった。畠山義就は惣門の石橋に控え、「無念なり」と宿老甲斐庄を呼んで、「仏殿の北に打って出た敵の中に、蟬小旗指しつれた一、二千の勢は、まさしく政長の手と見える。この手より二番槍にかかれ」という下知も終らぬうちに、味方の大軍が総崩れになって落ちてきたので、義就勢は槍を合わせるひまもなく味方の落武者にまきこまれた。こうして政長方の勢いにのまれた西軍は、日暮に及んで相国寺跡を引き払い、政長・東条以下は意気揚々と東軍の陣中に引きあげた（応仁記・応仁略記）。

九月一日以来、数度の激戦で焼失区域はまたも拡大し、九月十三日の戦いでは伏見殿、日野勝光邸、関白一条兼良邸などが類焼し、相国寺合戦では相国寺の大伽藍が七重の塔だけを残してほとんど全焼し、まさかここまではと思われていた東山山麓の南禅寺や花頂山の青蓮院までが、東岩倉の合戦のとき灰になってしまった。民衆はもとより、公家・僧侶まで困窮した中で、花の御所に閉じこめられている将軍義政だけは、戦火が拡大しようが東軍が苦戦に陥ろうが全く無関心のていをよそおい、幕府の郭外に迫る剣戟の響きをよそに、相変らず近臣・侍女を集めて歌会・連歌会を催し酒宴に興じてその日を過していた。相国寺合戦の日も酒盛りを楽しんでいて、隣の相国寺炎上の火の粉が御所に降りかかり、女中どもが逃げまどう中で、ひとり平然と酒杯を傾けていたという。そのころ義政の詠じた歌には

　はかなくも猶おさまれと思ふかな　かく乱れたる世をばいとはで

とあったというくらいで（応仁別記）、義政も本当は戦乱に無関心だったのではないが、将軍の力の限界をとっくに悟りきった彼は、どうあがいても無駄だとばかり、わずかに酒や連歌に憂さを晴らす明け暮れを送っていたのである。

東軍は天皇・上皇を奉じ、将軍父子を擁していても、局面の打開にはほとんど役に立たず、ますます敵の重囲に陥って、幕府や細川邸をやっと持ちこたえるだけになってしまった。一方の西軍は八月末の大内勢到着以来、緒戦の劣勢から完全に立ちなおって優勢を誇るようになったが、二日間にわた

る相国寺合戦で味方も手ひどい損害を受けたので、もう一歩というところで攻撃力がにぶり、積極攻勢を避けるようになった。こうして五月下旬の大乱勃発から四ケ月余りにして、西軍が包囲体形を固めたまま、相国寺合戦を境に戦局は膠着状態に移行した。もちろんこの戦線膠着がこたえたのは勝元以下の東軍である。西軍が洛外から市中に通じる七口《ななくち》のうち六つまで押えて東軍を兵粮攻めにしているので、東軍はわずかに勝元の邸の附近から北へ通じる鞍馬口一つだけを確保するに過ぎず、しだいに糧秣や武器の補給が苦しくなった。東軍はなんとかして退勢を挽回しようとして、赤松政則が被官中村五郎左衛門を美作に遣わして院庄《いんのしょう》を襲わせたり、京極持清・勝秀父子が近江に脱出して六角方の高瀬城を攻め陥したりしたが、戦いの全局にはほとんど響かなかった。京都でも十二月七日、東軍は細川邸の北西の船岡山にある大内政弘の陣を急襲したけれども失敗に終り、敵の囲みを突破することはできなかった。以上のようにして、東軍不利のうちに応仁元年は暮れていった。

長期戦の様相

戦術の変化

大乱二年目の応仁二年（一四六八）は東軍の攻撃によって明けそめた。年初からはよもやという西軍側の油断をついて、勝元は元日の夜半東軍の軍勢に西陣を奇襲させ、雨のように矢を射かけたのである。だが西軍の防禦陣は破れなかった。やがて三月十七日に、東西両軍は北小路烏丸《からすま》で衝突し、東軍では武田氏麾下《きか》の毛利豊元・小早川熈平らが勇戦したが、西軍も大内勢の精鋭を繰り出して戦ったので、相互に多数の死傷者を出して引分けになった。四月十六日には西軍が攻撃をしかけ、宗全・政弘らの軍勢が東陣を襲ったが、東軍の反撃を受けて退いた。さらに五月には二日に細川成之が部下の軍勢に斯波義廉の陣営を攻撃させ、この部隊は義廉邸の外郭陣地を焼いて大宮の街路に仮りの陣を張ったが、翌日西軍は出撃してこの細川勢の一部を囲んで捕虜にし、東軍からの救援を防ぐため通路を塞いでしまった。そこで八日に勝元は赤松政則とともにしゃにむに攻撃をかけ、細川勢は宗全の陣を攻め、赤松勢は大内政弘の軍勢と交戦した。しかし今度も勝元の御内安富兵庫以下が討ち死して、東軍の攻撃は失敗に終った。こうして応仁二年前半の東軍の波状攻撃がいずれも不成功に終るとともに、洛中の戦闘はいちじるしく低調になり、わずかに八月一日、安芸の吉川《きっかわ》元経など数百人の東軍が畠山義就の館を攻めて日没まで奮戦した程度で、戦闘らしい戦闘は稀になってしまった。それは緒戦のころと比べると戦闘の方法にいくつかのかなりいちじるしい違いが起こったためである。

その一つは、両軍とも敵の急襲を避けるため防禦施設に重点を置くようになったことである。諸大名の拠る陣地の周囲にはますます堅固な土塁を構築し、その外側には塹濠《ざんごう》をいよいよ深く掘りめぐらし、両陣の相接する一条大路などには、深さ一丈（約三メートル）、幅二丈余りという空堀が延々と掘り連ねられた。例の大極和尚は「深塹高塁の要害堅固なことは、見ないものには想像もつかないくらいだ」といっている（碧山日録）。また合戦に当たっては火箭を放って敵陣を焼き払ったり、大石を落して塁に迫る敵を圧殺するといった工夫が急速に発達した。東陣では応仁二年の初めごろ、大和から工匠を呼び寄せて、岩石を飛ばす機械を作らせ、攻め寄せる敵に向って発射して敵兵を紛砕するように仕掛けた。この機械のことを聞いた大極は、「これは砲というもので、唐の李密、魏《ぎ》の曹操、越《えつ》の范蠡《はんれい》などが同様の機械を使って大石を飛ばして戦ったというから、新兵器ではない筈だ」という意味のことを言っているが（同上）、外国ではともかく、かつての一騎打を主体としていたわが国の合戦では用いられなかった道具だった。一方、西軍は宗全が四月十四日、陣営に物見櫓を建てた。こういう櫓は当時井楼《せいろう》と呼ばれ、応永の乱や永享の乱のころから作られているが、今度の西陣の井楼は大層大規模なもので、高さ七丈（二十一メートル強）余りもあった。ついで大内政弘も二十五日、鹿苑院の東南に大井楼を建てた。そうなると東軍も負けていられず、焼け残った相国寺の七重塔と同じくらい高いといわれる十余丈（三十数メートル）の大井楼を組み立てた。こうして防禦設備がいちじるしく厳重になり、両軍とも井楼から敵陣を見下ろし、近づく敵には砲で大石を飛ばして戦うという有様になったので、どちらも迂闊な攻撃をしかけるわけにはいかない。これは京都市中の戦線がほとんど膠着状態になり、持久戦の様相を濃くする一原因だったが、一方、戦意自体にも問題があった。

野伏・足軽

「先んずれば則ち人を制す」とか「攻撃は最大の防禦なり」といわれるくらいで、両軍の兵力がほぼ互角なのだから旺盛な攻撃精神があればたいていの防禦陣は突破できないことはない筈である。ところが、両軍とも戦果がはかばかしくないのは、がんらいどちらも諸大名の雑多な軍勢の寄り合い所帯で、それぞれ私利私欲や個人的な恨みなどから、仮りに連合して両陣営に分れているにすぎないためでもあった。肝心の守護大名自身、軍勢の先頭に立って指揮を取るような気概のある勇将は、きわめて少なく、せいぜい畠山政長や赤松政則ぐらいのものだった。彼らの内衆にしても、西軍の朝倉孝景とか東軍の東条河内守とか、数えるくらいしか勇猛な部将はいない。もちろん十数万の大軍の総大将である勝元・宗全の両雄はもはや前線に現われない。勝元は幕府の四足門のあたりに腰を据えて指揮を取っているだけであり、他方、かつて豪勇を謳われた宗全も六十余歳の年には勝てず、やはり西陣の邸内で合戦を指導するだけにとどまっていた。

後方で督戦するという諸大名の態度だけでなく、彼らの麾下の軍勢自体、命を的にして奮戦するような精鋭部隊はごく少数で、大部分は諸国から大急ぎでかり集めた雑兵にすぎなかった。狭い京都の市中に、多数の部隊がひしめき合って戦うので、乱戦混戦の中で敵味方を識別し、同士討ちを防ぐことがどうしても必要であり、士卒は味方の目印になる標識を身につけるようになった。東軍は大抵紅い練絹で作った小旗を腰にさし、その腰差には和歌や詩句を書きつけていた。

多数の軍勢が数をたのんで戦闘するようになると、野伏《のぶし》（野武士、野ぶせり）や足軽の役割がきわだって重要になった。野伏も足軽も、古くは源平の争乱のころから戦闘の補助部隊として使われていたものであり、このうち野伏の方は、もともとは山野に伏して修行する僧侶をいい、山伏も同じ意味だったが、中世には野や山に巣喰って追いはぎなどを業とする連中をいうようになった。また足軽というのは古くは『平家物語』などにも見え、軽装して雑役に駆使される土民兵のことであった。応仁の乱に際しても、両軍は多数の野伏を京都に集めて戦闘にかり出していた。前に述べた細川被官の池田充正が千人もの野伏を集めて入京したのもその一例である。こうした雑兵どもを先頭に立てて敵陣に押し寄せるのでは、昔のように華々しい一騎打やめざましい武勲がほとんど見られないのは当り前である。それどころか、大体このころの野伏や足軽は、農民の中のあぶれ者の寄り集まりで、ふだんから切り取り強盗などの荒稼ぎをしている手合いだから、盗賊・悪党と少しも違ったものではなく、掠奪が目あてで戦争に参加しているのが実情だった。応仁元年（一四六七）九月の東岩倉合戦のときなども、これらの雑兵や洛中洛外の盗賊どもは南禅寺・青蓮院《しょうれんいん》などの寺々に乱入し、手あたりしだいに火をつけては火事場泥棒を働いて、災害に輪をかけた。東山のあたりなら大丈夫だろうと京都市中からこれらの寺々に疎開してあった諸家の財宝なども、戦闘のどさくさまぎれに乱入した雑兵や群盗どもに根こそぎ奪い去られてしまい、しかも、抜け目のない悪徳商人どもがこれらの盗品を買い集めて奈良や近江の坂本に運び、毎日泥棒市を開いて売買する始末だったのである。

東軍では、こうした盗賊どもの働きに着目し、彼らを使ってゲリラ戦をやらせることを考えついた。盗賊どもの動静に通じているのは、京都の治安や刑罰を司どる所司代の下で隠密《おんみつ》の仕事をつとめている目付《めつけ》という連中だから、細川勝元は応仁二年三月、目付の頭目である骨皮左衛門入道道賢（道源）という男に、呉服の織物や金作りの太刀などを与えて手なずけ、群盗をかり集めて味方のために働かせるように言いふくめた。そこで道賢は手下どもに命じて悪党どもを三百人ほど呼び集め、京都市街の南東、伏見稲荷の社務羽倉出羽守としめし合せて、稲荷の上社に陣取って稲荷口や東寺口の界隈に出没し、西軍が京都に糧秣を運び込んでくるのを目がけて襲いかかり、果ては下京一帯を荒らし廻って得意の火つけ強盗をやり出した。三月十八日には夜陰に乗じて西軍の兵糧集積場を襲撃し、ついでに民家に火をつけて廻ったので、五条大宮から高倉辺まで五町ほど焼失するという大火になった。

放置できなくなった西軍は、二十一日山名・畠山・赤松等の諸勢を繰り出して稲荷山を攻撃した。

悪党どもは、もともと烏合の衆で戦意などあるわけがないから、敵の正規軍に攻め寄せられてはひとたまりもない。たちまち四方へ散りぢりに逃げて姿をくらました。骨皮道賢は女装して板輿に乗り、後の山伝いに落ちのびようとしたところを、宗全の手に属する河原者（被差別民）に発見されて、あっけなく討ち取られてしまった。

『応仁記』・『応仁別記』は

昨日までいなりまはりし道源を　けふ骨皮と成《なす》ぞかはゆき

という落首を掲げている。威張るという意味の「いなる」と稲荷とを掛けたのである。また、「長井斎藤別当実盛は錦の直垂を給わって名を北国の衢《ちまた》にあげ、朱買臣《しゅばいしん》は錦の袂を会稽山に翻《ひるがへ》し」などと言い続けて「今の骨皮左衛門は呉服の織物を稲荷山に翻す」という小歌を作って京童《きょうわらべ》がはやしたとある。

盗賊のゲリラ部隊というせっかくの名案も長続きしなかった東軍は、今度は腕っこきで向うみずの雑兵を三百人あまり選び出して、屈強な足軽部隊を作り上げた。この足軽どもは、甲冑を着けず槍長刀を持たず、ただ一剣をふりかざして敵陣に突入するというカミカゼ部隊で、六月八日の夜中には、隙をうかがって宗全の本陣を奇襲し、その大井楼を焼き払うという戦果をあげた。また九月七日には船岡山の攻撃に東軍の足軽が活躍し、浦上則宗の小者で一若という足軽の頭が、わずか五、六十人の足軽を連れて賀茂・紫野から船岡山の背面に迂回し、壕を飛び越え、石垣を飛び上り、陣屋に火をかけるというすばしこい働きをやってのけて、この陣地の陥落するきっかけを作った。またこの合戦で駒太郎という足軽の頭は勇敢に戦って討死を遂げた。このように東軍の足軽の活躍がめざましくなると、西軍でもすぐに足軽を増強し、まっさきにかり立てて戦わせた。こうして合戦は足軽同士の小ぜり合いが普通になり、いよいよもって両軍とも相手の死命を制することができなくなり、いたずらに両軍の対峙を長びかせる結果を招いた。

その上、これらの足軽は荒稼ぎを目的として集まった手合いだから、彼らを統制することは容易でなかった。同年七月末、東軍の足軽どもが清水寺に屯《たむろ》したのに対し、八月初め西軍の足軽が青蓮院・聖護院などの門跡寺などをはじめ、多くの寺々や民家を焼き払ったことや、十二月の初め、東軍の足軽が西軍側の洛西の村々を放火・略奪したことなどもその一つである。足軽の狼藉は野武士や盗賊のそれと何の違いもなかったのである。十一月三日には、東軍の足軽三百余人が、勝手に集まって宇治大廟に参詣に出かけた。そのいでたちたるや、手に手に長刀や強弓を持ち、思い思いに金色の冑《かぶと》、竹笠あるいは赤毛の冠り物などをかぶり、着ているのはつんつるてんの単衣やかたびらで、雨降りの寒い日なのに寒さなど物ともしないで、飛ぶように疾走して行く。これを見た大極和尚は、「このような連中が突撃して勝利を得ることがあっても、ほとんど軍隊を統制する役には立たない。細民の奸猾《かんかつ》なものどもがしだいに上を凌ぐようになるばかりだ」と慨嘆している（碧山日録）。さて、翌日この足軽共が宇治から走り帰ってくるというので、彼らの親族が何百人も東山辺りに出迎えたので、西軍の軍勢は足軽の帰洛を知り、間道を通って挟み討ちにし、二十数人を討ち殺した。このころから、東西両軍の合戦といっても、実はこんなつまらぬ戦闘が主になってしまったのである。おまけに、十二月末には西軍の足軽に仲間割れがおこって大喧嘩になり、頭分《かしらぶん》の者どもが何人も殺されるというていたらくだった。

こんな有様だから、足軽の乱暴狼藉を嘆息したのは大極和尚だけではない。当時の公家中随一の学者である関白一条兼良《かねら》は、邸宅とともに家財・蔵書なども類焼し、応仁二年八月から大乱終了まで十年以上も子息の奈良興福寺大乗院門跡尋尊のもとに身を寄せていたので、足軽の被害を身にしみて感じた一人だった。従って彼は、大乱後文明十三年（一四八一）将軍義尚のために書いた政道意見書である『樵談治要《しょうだんちよう》』の中で次のように「昼強盗」と同じだといって、その弊害を力説し、足軽を厳禁すべきだと論じている。

一、足がるといふ者長く停止《ちょうじ》せらるべき事。

昔より天下の乱るることは侍れど、足がるといふことは旧記などにもしるさゞる名目也。平家のかぶろといふ事をこそめづらしきためしに申侍《もうしはべ》れ。此たびはじめて出来れる足がるは超過したる悪党也。其故は洛中洛外の諸社、諸寺、五山十刹、公家、門跡の滅亡はかれらが所行《しょぎょう》也。かたきのたて籠《こもり》たらん所にをきては力なし。さもなき所々を打やぶり、或は火をかけて財宝をみさ《見》ぐる事は、ひとへにひる強盗といふべし。かゝるためしは先代未聞のこと也。是はしかしながら、武芸のすたるゝ所にかゝる事は出来れり。名有《なある》侍のたゝかふべき所を、かれらにぬきゝせたるゆへなるべし。されば随分の人の足軽の一矢に命をおとして当座の恥辱のみならず、末代までの瑕瑾を残せるたぐひも有《あり》とぞ聞えし。いづれも主なきものは有《ある》べからず。向後もかゝることあらば、をの〳〵主々にかけられて糺明あるべし。又土民商人たらば、在地におほせ付《つけ》られて罪科有《ある》べき制禁をかれば、千に一もやむ事や侍《はべる》べき。さもこそ下剋上の世ならめ。外国の聞えも恥づべき事成《なる》べし。

けれども公卿や禅僧がいかに足軽の狼藉を非難しその厳禁を叫んでも、効果はさっぱり期待できなかった。文明三年（一四七一）正月、東寺に近い八条で西軍が足軽を募集したところ、東寺の諸坊の小者・力者《りきしゃ》（力仕事をする法師姿の従者）や境内の百姓らが多数応募したので、東寺ではこれを禁止した。ところが足軽になった連中はこれに反対して事務係の僧の門前に押しかけて強訴し、気勢をあげたので、恐れをなした東寺は、すでに足軽になっている者は禁止の対象から除くという譲歩をしてしまった。戦禍によって安穏な生活を断たれた零細民は、足軽にでもなるよりほかに暮しの途も立たず、しかも数をたのんで公然とあらゆる略奪暴行のできる足軽渡世はなかなか魅力のある稼ぎだったのである。もとより彼らにとって、東西両軍のどちらが勝つかなどはどうでもよいことだった。

二人の将軍

京都の両軍の合戦は沈滞する一方となり、しかも足軽の放火・狼藉のため市街はますます焼野原になって、荒れ果てていき、洛中の北西隅の北野神社や南端の東寺まで焼け失せた。たまたま残っていた相国寺の七重塔も文明二年（一四七〇）十月落雷のため炎上してしまった。このころ一休和尚は

寒灰充塞洛陽城《かんかいじゆうそくすらくようじよう》　二月和レ花春草生《にがつはなにわしてしゆんそうしようず》

という詩を賦し、飯尾《いのお》彦六左衛門は、

なれや知る都は野辺の夕雲雀《ゆうひばり》　あがるを見ても落つる涙は

と詠じて、花の都の荒廃を傷《いた》んでいる。なおこの飯尾彦六左衛門は常房といい、阿波・三河守護細川成之の内衆の一人であり、諸芸道に通じた成之の家臣にふさわしく、歌人堯孝法師に師事して和歌を嗜み、また能書家であった（後藤捷一氏教示。同氏著『飯尾常房攷』参照）。

ところで管領斯波義廉は西軍に属していたので、幕府は応仁二年（一四六八）七月これを罷免し、またも勝元が管領に就任した。しかしこの年のうちに足利義視の動きに関連して勝元と宗全との擁立する将軍後継者に奇妙な変化が生じた。

応仁元年八月義視が伊勢に逃れると、将軍義政は義視に伊勢の国衙領の半済《はんぜい》分を領地として給与し、続いて山城・近江・伊勢の寺社領の半済分を与えて義視をなだめるとともに、何回も内書を送って京都に帰ってくるようしきりに促した。これは勝元が総司令官に逃げられたとあっては体裁が悪いので、義政に説いてやらせた処置だったと思われる。さらに勝元自身も東軍の諸大名と連名して義視に帰京を勧めた。そこでとうとう義視は幕府の派遣した師僧聖護院道興に伴われて二年九月十二日京都に帰

り着き、翌日義政に謁見して北岩倉の入江殿に宿泊した。義視はこの宿所で義政に意見書を書いて、邪悪な近臣を退けて政道を正すように要望したのち、勝元以下の諸将に迎えられて東軍の陣営に入った。というのは、義政は義視の京都出奔後、夫人富子とその兄勝光の要求にまかせて、花頂山に待機していた伊勢貞親を幕府に出仕させ、貞親は再び政所執事として政務に喙《くちばし》を入れていたからである。

もとより義視の要望を義政は一向聴き入れようとしなかったばかりか、かえって貞親は富子・勝光と一緒になってまたも盛んに義視を義政に中傷し、ついに有馬元家が義視と気脈を通じて陰謀をたくらんでいるといって義政を焚きつけた。義政は貞親の言うことなので一も二もなく信じて、同年十一月赤松義則に命じて元家を陣中で殺させた。義視はまたしても身辺が危なくなったが、肝心の管領勝元は元家誅殺を阻止せず、少しも義視を助けようとしなかった。それは勝元が義政から疎まれることを恐れて、富子・勝光・貞親らと妥協し、義視を犠牲にして自分の勢力を保とうとしたからに外ならない。こうなっては再び逃げ出す以外に手がない。義視は十三日の夜、折からの冷雨の中をひそかに徒歩で東陣から脱出し、比叡山に登って東塔院の衆徒に頼った。世人は、情勢次第で誰とでも妥協する勝元の態度を

細川は八里が中を流れけり　あなたへも四里こなたへも四里

という落首で揶揄した（応仁略記）。

喜んだのは宗全である。もともと宗全は義政・義尚父子をかついで勝元を攻め滅ぼす積りだったの

に、御霊合戦後の油断がもとで、勝元に将軍父子を取り囲まれてしまい、擁立すべき将軍後継者がいなくて困っていた。だから義視が叡山に逃れたのを幸い、主将として義視をかつぐことに決め、直ちに迎えの使者を叡山に送った。孤立無援に陥っていた義視は当然宗全の招きに応じ、二十三日西軍に迎え入れられて斯波義廉の館に入り、西軍諸大名の歓迎を受けた。早速宗全は義視の旨を奉じて諸国に命令を下し、東軍が義政・義尚をかついでいるのに対抗し始めた。

一方幕府では翌十二月、後土御門天皇の勅を頂いて義視をはじめ西軍側の廷臣諸将の官位を剝脱《はくだつ》した。「王城の内に東西二《ふたつ》の構へを別《わか》って、開闢より以来沙汰を聞かざる二人の将軍、帝都に並びて歳暮年始の喜代《(ママ)》を諍《あらそ》ふ」（応仁略記）という現象ができ上ったのである。

もっとも義視を排斥して義尚を将軍の跡継ぎにしようとする富子・勝光・貞親らの目的はここに一応達せられることになったのだが、しかし勝元が義視を擁し宗全が義尚を擁していた本来の結びつきから見るとまるっきり正反対になってしまったのである。なお東軍が天皇・上皇を奉じて西軍を賊軍呼ばわりするのが悔しいので、宗全は文明三年（一四七一）南朝の皇胤小倉宮《おぐらのみや》の十八歳になる王子を紀伊から招いて西軍に迎え入れ、西軍は南朝の天子を奉戴しているのだという体裁をつけた。

もちろん誰を戴いていようと諸大名の個々の利害には大して関係がないが、やはり義視と義尚が入れ代ったことは、少なくとも将軍の跡目争いという点に関する限り合戦の目的をますます不明瞭にし、京都の戦闘を一層低調にする一因となったことは確かであろう。こうして洛中の戦闘がほとんど停頓状態になるのと対照的に、合戦の局面はしだいに洛外へ、さらに諸大名の分国へと拡がって、ますます全国的な様相を帯びることとなった。それは東軍が敵の包囲陣を破るため西軍の背後の味方を動かしたことがきっかけとなったのであった。とはいえ東軍方と西軍方とを問わず、全体に諸大名も、またその配下の国人たちも、無意味に近い幕府の主導権争いに加担して焼野原と化した洛中の陣地を争奪することよりも、敵方の優勢な地域を切り崩して地方における味方の地盤を拡大することに重点を置くようになったのは当然である。

戦火諸国へ広がる

京都の東郊では応仁二年（一四六八）六月に叡山の衆徒の一部が東軍に応じて一乗寺村に進出し、神楽岡・東山から山科のあたりにかけても東軍が足軽などを入り込ませて押さえにかかった。下京の西軍は八月上旬から東山に出動して東軍を攻め、前にも触れたように青蓮院・聖護院などの寺々を焼いたほか、清水山を占領して山科に攻め下り、閏十月にも山科に侵入したが、東軍はこれを撃退した。南郊では深草・伏見・鳥羽の一帯を占拠している西軍に対して、東軍が八月に出撃して藤森・深草・竹田に達し、鳥羽附近に勢力を及ぼした。洛中の大内勢は味方を援けるため東福寺に進出して東軍と交戦し、十月にも西軍が逆襲をかけてようやく鳥羽附近を奪回した。西郊では、八月から東軍山名是豊の一族山名右馬助が地元の西の岡・中脈《なかすじ》の国人衆を集め、谷之堂に陣取って活動し始め、勝元の丹波守護代内藤貞正も丹波の国人久下《くげ》・中沢・荻野・本庄らを率いて九月初旬嵯峨に侵入し、桂・梅津等を攪乱し、天龍寺などに放火して西陣の背後を脅かした。洛中の東軍もこれに呼応し、九月上旬に仁和寺と船岡山の西軍を攻撃し、一時船岡山を占拠した。西軍はこれらをいずれも撃退したけれども、やはり西郊の桂川流域一帯でも優勢を保ちがたくなり、西軍の拠点鶏冠井《かえでい》城は勝元の部将安富又次郎らのために包囲攻撃を受けた。

京都の合戦の重点が洛外に移り、西軍の包囲網が背面からしだいにほころびていったのと並行して、地方の諸国でも東軍は積極的な活動を開始し、西軍もこれに対処して各地で反撃作戦を展開した。すでに応仁元年十月以来、播磨の国人中村五左衛門尉らの赤松勢は、美作に侵入して院ノ荘を占拠していたが、さらに彼らは赤松政則の派遣した広岡民部少輔祐貴らの東軍とともに西軍の山名掃部頭らと戦って次第に勢力を拡大し、赤松方が播磨のほか旧分国美作、さらに備前の大半を山名方から奪取するに至った。また勝元の分国丹波からは、応仁二年三月長政連《ちょうまさつら》、内藤孫四郎らの率いる細川勢が宗全の分国但馬に侵入したが、宗全の部将大田垣新兵衛尉・行木山城守らは朝来《あさこ》郡の夜久野・東河にこれを逆襲して政連・孫四郎らを討ち取った。勝ちに乗った山名勢は、宗全の派遣した大田垣新左衛門尉宗朝とともにいったん丹波へ攻め込んでその一角を占領したが、まもなく細川勢の反攻を警戒して但馬に引きあげた。九月に至り細川持賢の部将天竺孫四郎が武田信賢の部将逸見駿河守らと呼応して丹波と若狭から丹後を挟撃し、西軍側の国人を打ち破ったが、垣屋平石衛門尉以下の山名勢が但馬か

大内氏系図

弘幸 ― 弘世 ┬ 義弘 ― 持世
　　　　　　├ 盛見 ― 教弘 ― 政弘 ― 義興 ― 義隆 ＝ 義長
　　　　　　└ 弘茂

ら出動して反撃し、天竺孫四郎を攻め殺した。細川方は一宮左京亮を派遣して再び丹後に侵入させ、両軍は丹後の争奪戦を繰り返した。

さきに大内政弘上洛の際その軍勢に席捲された摂津でも、細川被官の国人がしだいに勢いを盛り返して各地に蜂起した。政弘の軍勢はこの年正月以来、摂津国内を転戦して討伐に当り、七月下旬には同国倉橋に拠る東軍を攻めて打ち破ったが、九月には細川勢が反撃して大内勢を破った。

中国筋では応仁元年末以来、東軍武田信賢の分国安芸に反乱が起こり、国人小早川の一族竹原弘景が山名・大内方に寝返って国内各地を攻略した。これに対して東軍は小早川熙平《ひろひら》に命じて弘景を討伐させ、とくに積極攻勢を企てた信賢は守護代武田基綱を分国に下した。基綱は応仁二年三月山名の分国石見に侵入を計り、これを防いだ石見の国人上領頼恒らと太田口で交戦した。一方備後守護山名是豊は京都の東軍方に属していたので、備後の国人は宗全方と是豊方に分裂して相争い、宗全方の山内豊成らがしだいに優勢になった。東軍は隣国の備中守護細川勝久の軍勢と安芸の武田の軍勢を東西から備後に進攻させて是豊方を救援したが、十一月に至り細川勢も敗北したので、是豊は宗全方を討つため同月二十三日、みずから京都を出発して備後に赴き、東軍は備前の赤松勢を差し向けて是豊を応援させた。

なお戦乱の余波は九州にも波及した。既に応仁元年、大内勢の京都進出による大内氏分国の手薄に乗じ、肥前の少弐教頼が対馬の宗盛直とともに筑前に侵入し、博多・太宰府の間で大内勢の留守部隊と交戦した。しかし少弐・宗方の意図は成功せず、かえって大敗を喫し、教頼・盛直はともに討死を遂げた。

山城より東では、京極持清が、応仁元年十月東陣からいったん分国に下って西軍方の近江守護六角高頼の高瀬城を攻略したが、やがて六角高頼勢は反撃に出て、東軍に属して同国守護となった従兄弟六角政堯の軍勢を長光寺城に襲って城を攻め取った。それ以来近江の東西両軍は激しい攻防戦を繰返し、二年十一月に至り、東軍は西軍のたて籠る守山城を占領し、引き続き高頼方の本拠観音寺城を攻めてこれを陥れた。伊勢では国司北畠教具が二年七月、西軍土岐成頼の一族世保《よやす》政康の占領していた上箕田城を奪還し、続いて林崎・柳・若松・楠原の諸城を陥れて北伊勢一帯に勢力を及ぼした。一方成頼の分国美濃では、守護代斎藤妙椿が同年九月東軍の東常縁《とうつねより》の一族東氏数の郡上《ぐじょう》城を攻め落し、翌月には居益城を攻めて城将長江景秀父子を滅ぼした。

斯波氏の分国尾張では国人が東軍義敏方と西軍義廉方に分れて争い、同年九月京都の東軍は飯尾《いのお》弥三郎を派遣し、義敏の嫡子松王丸（義寛）を援けて義廉方の国人を討伐させた。同じく斯波氏の分国越前でも両党が争い、五月に斯波義敏がみずから下向して義廉方の国人を追い払ったので、同十月に西軍は反撃のため勇将朝倉孝景を帰国させ、孝景はこれより義敏方と戦ってしだいに分国内に勢力を伸ばした。また加賀では東軍の半国守護赤松政則の部将小寺某が同年五月西軍の富樫泰高の部将額《ぬか》某と戦ってこれを討ち滅ぼし、分国内を制圧した。

以上のように、畿内周辺を始めとして西は山陰・山陽から九州北部まで、東は東海・東山・北陸にかけて、両軍の戦闘はみるみる拡大し、世をあげて戦乱の渦中に巻き込まれる状態となった。これら各地方での戦乱勃発は、東西両軍が手詰りの戦況を打開するため遊撃部隊を敵の領内に侵入させたり、国人を誘って叛乱を起こさせたことにもよるが、もともと各地方の国人の間には根深い対立があり、あるいは守護大名や守護代・請所代官などの内衆に対する反感がわだかまっていたから、わずかのきっかけでもたちまち戦乱の火の手は大きく燃えひろがったのである。

応仁二年はこのような戦闘の地方への分散・拡大のうちに暮れて、大乱は三年目の応仁三年（一四六九）を迎え、その四月には文明と改元されたが、戦いはいつ果てるという見通しもつかなかった。もっとも洛中の合戦はますます不活発になり、三月十六日に細川勢が山名方の芝薬師堂の陣を夜襲し、火をかけてこれを陥れたことを除いては戦いらしい戦いもなく、両軍の動きはまるで休戦状態のようであった。洛外でも四月に西軍が西の岡の鶏冠井《かえでい》城を救援して東軍の谷の陣を攻め落し、西芳寺《さいほうじ》（苔寺）や峰堂を焼いて東軍の守備兵を丹波に追い払ったほかには、格別の合戦も行なわれなかった。

しかし地方の戦線には前年以来の流動状態が続き、各地に執拗《しつよう》な局地戦が展開していた。六月以来西軍が丹波に侵入し、七月には大内勢が摂津の諸城を攻め降したのに対し、東軍は安富又次郎らを丹波に急派し、山名是豊を摂津に派遣して挽回につとめたので、摂津・丹波の戦局は一進一退を続けた。近江では西軍の六角勢が観音寺城をいったん奪還し、ついで東軍多賀高忠の率いる京極勢が再びこれを陥れるといった攻防戦を繰り返していた。山陽では安芸の東軍小早川熙平らが備後に討ち入って西軍の山内豊成らと戦い、山陰では伯耆の西軍が出雲に攻め込んで京極の部将尼子清定以下の東軍と交戦し、九州では豊後の守護大友親繁が東軍の勧誘に応じ、少弐頼忠と連合して、大内氏麾下の豊前・筑前・肥前の諸城を攻略し、大内勢を一時九州から駆逐するにいたった。

寝返り続出

文明二年（一四七〇）から三年（一四七一）にかけても、洛中の両軍対峙にはこれといった変化は現れなかったが、両軍とも敵の分国に駐屯する有力部将を味方に引き込もうとして謀略戦に力をそそいだので、地方の形勢には一層目立った変動が起こった。まず東軍の呼びかけに応じて西軍に叛旗を翻した大物は、大内政弘の伯父で、本国周防・長門を守っていた大内教幸入道道頓である。管領細川勝元は文明二年の始め、道頓に書状を送って帰順を勧め、道頓・嘉々丸父子は離反を約束したので、勝元は幕府の安堵状を道頓父子に与え、道頓を守護に補任し、挙兵を促した。そこで道頓父子は部将仁保盛安らとともに長門の赤間の関で挙兵するとともに京都の政弘の部将にも働きかけて寝返りを勧めた。盛安の子仁保十郎らはこれに応じて翌三月京都東福寺の陣から東軍の陣中に加わり、やがて帰国して道頓の軍に加わり、五月には仁保弘有も摂津下島の戦線を離脱した。こうなると下島に在陣中の山名政豊（宗全の嫡孫）らは狼狽して京都に引きあげ、西軍は恐慌状態に陥り、六月から七月にかけて逃亡者続出という事態になった。

大内政弘は東軍に降ろうとした部将杉七郎を斬って軍規を粛正するとともに、七月以来みずから主力をひっさげて勧修寺・醍醐・山科の東軍に猛攻を加えてこれを駆逐し、続いて摂津に進撃してこの方面の東軍を圧迫し、翌三年四月には山城木津の東軍を攻め、六月には河内に転じて畠山義就とともに政長勢を討つというように、積極的に畿内各地を転戦し、戦果を拡大して西軍の動揺を克服した。一方政弘の分国では、有力部将陶弘護《すえひろもり》が政弘に呼応し、道頓が安芸の武田方に加勢の軍を出した隙をうかがって文明二年十二月、周防の玖珂に挙兵し、道頓の軍勢を撃破した。道頓は石見の東党吉見信頼の援軍を受けて反撃に転じ、政弘方の末武氏久らを討ち取ったが、陶弘護は石見の西党益田兼堯らの軍勢とともに長門に進んでこれを大いに討ち破った。三年十二月に至り道頓はついに長門を捨てて豊前の馬嶽城に逃れたが、敵軍の重囲に陥り、力つきて自殺した。凱歌を奏した弘護は、続いて三万の軍勢を催して筑前に進攻し、太宰府を占拠していた少弐頼忠を圧迫し、ここに大内政弘方は再び周防・長門から九州の北部にまたがる分国を確保することができた。

　大内氏の内部崩壊を図った東軍の企画が失敗に帰するとともに、今度は東軍の一部に西軍への寝返りが起こった。まず文明二年九月、京極氏の内衆である所司代多賀高忠の一族多賀出雲守が西軍に応じて六角氏に味方したため、近江の京極勢はたちまち劣勢となり、高忠はいったん伊勢に逃れた。翌三年（一四七一）正月、六角高頼は京都に進攻して東軍の側面を衝こうとしたが、高忠は細川成之・武田国信らの率いる京都の東軍に援けられて逆襲し、ようやく高頼を甲賀郡に駆逐して如意ケ岳の陣に入った。しかし三月に至り美濃の土岐氏の守護代である西軍の名将斎藤妙椿が同国の軍勢を率いて六角方を救援し、如意ケ岳の国信・高忠らを攻めて討ち破ったので、六角高頼はしだいに勢力を挽回し、十二月には東軍の六角政堯を神崎郡の清水城に囲んで自刃に追い込むことに成功した。

　安芸でも、文明二年末ごろから武田基綱（元綱）が兄の信賢に背いて西軍に内応し、信賢方の郡司らを討ち殺し、隣国周防の陶弘護と提携してたちまち国内に勢力を張った。細川勝元は三年正月より内藤泰廉・小早川熙平らの国人に幕命を下して基綱を討伐させようとしたが、京都に在陣中の信賢が六月に病死したので、東軍の士気は振るわず、閏八月には有力国人の毛利豊元も基綱に属して備後三吉口の陣を撤収するに至った。そのころ備後では東軍の備後・安芸守護山名是豊が再び帰国してみずから西軍追討にあたり、しだいに戦果を拡げていたのであるが、この有様では備後の東軍まで劣勢になるおそれが生じた。管領細川勝元は武田国信を安芸に急派し、味方の国人児玉修理亮・麻原広顕らに将軍義政の内書を与え、国信に協力して毛利豊元を討つように命じるなど、懸命の対策を講じた。安芸国内でも小早川盛景や豊元の弟毛利元家らは東軍の国信方を支持して基綱・豊元らの西党に抵抗したので、東軍はようやく安芸全域を西軍に奪取されることを免がれた。

結局のところ、誘降策による寝返りの続出は東西両軍を互いに悩ます結果となったのだが、これらの寝返りは、やはりことごとく大名の一族や被官の内部対立が根本原因だった。長年にわたって内訌を続けていた畠山・斯波などの諸家では、もちろん大乱の始めから一族被官が分裂して東西両軍に属し、それぞれの国内でも血みどろの戦いを続けていたが、山名是豊や六角政堯のように大乱勃発とともに一族から離れて敵方に属するものもあった。さらに戦乱が長期にわたるにつれて、大内・武田などの守護大名にも、多賀・毛利のような有力部将級の国人にも一族の内部対立があらわになり、敵方から利をもって誘われれば待ち構えたようにこれに応じるものを続出させたのであり、それがさらに地方の戦乱をいやが上にも紛糾させ、大乱を一層長期化させる条件となったのである。

敵方の帰順と味方の離反で両軍とも一喜一憂した中で、東軍を最も勇気づけたのは越前の勇将朝倉孝景の帰順である。孝景が西軍斯波義廉の部将として、緒戦の洛中の合戦に勇猛ぶりを発揮したことは前に述べたが、その後応仁二年（一四六八）閏十月以来、彼は本国越前に引きあげて東軍斯波義敏勢の越前侵入を駆逐し、続いて同じ西軍の部将甲斐八郎（敏光であろう）の一党と勢力争いを始めていたのである。この孝景の実力に着目した管領勝元は、越前の守護職を与えるという大変よい条件で東軍側に誘ったところ、孝景は早速これに応じ、文明三年（一四七一）五月寝返りを宣言したのである。同時に、京都の西軍の陣中にいた孝景の嫡子氏景も、山名宗全邸での酒宴の席からぬけ出して、そのまま勝元の陣にやってきた。大喜びした勝元はすぐさま義政に報告して孝景父子をそれまでの陪臣の身分から将軍家直参の大名に格上げし、約束どおり孝景を越前の守護に任じた。さすがに有頂天になった孝景は立烏帽子・狩衣姿に威儀を正して一族被官の祝賀を受けたので、その振舞いは多数の国人の反感を買い、同年七月の鯖江・新庄の合戦では甲斐の一党に連敗を喫した。しかし猛将孝景はすぐに失敗の原因をさとり、荘園を仮借なく押領して配下の国人に分与し、彼らを率いて甲斐一党に真剣な戦いをいどみ、ついに翌四年（一四七二）八月坂井郡長崎庄で大勝して甲斐八郎を加賀に追い払ってしまった。京都の西軍は、摂津・丹波・若狭・伊勢などを東軍に塞がれたので越前を糧道にしていたが、孝景の越前制圧によってこの通路も途絶し、物資の不足に苦しむ状態に陥ったのである。

両将の死とその後の両家

講和の風聞

文明四年（一四七二）といえば、大乱も勃発以来早や六年目である。京都では東西両軍がいずれも焼け残った館や焼け跡に急造した陣営を守り、時たま空堀を隔てて矢軍を行なうだけで、華々しい合戦とてなく、これ以上在陣しても何の得にもなりそうにない。現に諸将の中には山名是豊・朝倉孝景・斎藤妙椿などのように、既に分国に帰って国内平定に乗り出しているものがあり、この年の六月には山名教之が分国伯耆に引きあげた。おまけに義視が西陣に逃げ出してからは、伊勢貞親と日野富子・勝光との折り合いがしだいに悪くなって、貞親は去年の四月に再び京都から退去し、若狭に隠退していた。義政将軍も富子夫人と仲違いして、去年八月には細川勝元の新邸に約一ケ月暮らし、今年の五月にも勝元の新邸に移ってしばらく滞在した。そして義政はますます大酒をあおり、連歌や猿楽に憂さを晴らしているにすぎない。だから今年の正月以来、世間でも両軍の間に和平交渉が行なわれているという噂が立ち始めたのは不思議でなかった。

ことに二月になるとその噂は一層うがったものになり、「勝元・宗全をはじめ両軍の大名はあらかた講和に賛成したが、東軍の赤松政則がこの大乱で奪還した播磨・備前・美作の三ケ国を山名方に返すようになることを恐れてひとり反対しているので、和議がまだ成立しないでいるのだ」といわれた。さらに五月には、一層奇妙な風説が流れた。それは、「勝元も宗全も和議が思うように進まないので業をにやしている。勝元・聡明丸（政元）父子とその御内（近臣）数十名は髻《もとどり》を切ったまま出家もせず、布を頭に巻いているそうだ。一方、宗全は自分で切腹を図ったが御内のものどもが押し止めた。宗全は瀕死の重傷だったが、色々と治療してやっと命をとりとめたそうな」というのである。尋尊大僧正はこの噂を書きとめて「細川勝元はおかしな管領だ。山名入道宗全もこれまたとんでもないおかしな有様だ」と言い「或いは本鳥《もとどり》を切るといへども入道せず、或いは切腹すといへども死せず。天魔の所行《しょぎょう》、もってのほかなり」と慨嘆している（大乗院寺社雑事記）。この噂がどこまで真相に近いかは保証の限りでないが、いかにもありそうな話ではあった。

少なくとも両将がともに戦意をほとんど失っていたことだけは間違いない。文明元年（一四六九）三月十六日の夜、東軍が芝薬師堂の西軍の囲みを破って斬り込んだときには、宗全は六十六歳の老体にもかかわらず、赤糸の朱実《しゅざね》の具足を着け大刀をとって身軽に庭に飛び出し、「人はなきか、者ども斬り出せ」と下知して、敵軍を追い払ったというが（応仁記）、翌文明二年からは病気にかかって赤入道の面目を発揮できなくなった。書類にも自署ができないので、その年の六月以降木彫りの花押を用いていたところから見ると（山内首藤家文書）、どうも相当重症の中風であったらしい。嫡子教豊は既に応仁元年（一四六七）九月、四十六歳で西陣に病没していたので、病床に臥した宗全は文明四年（一四七二）八月、嫡孫政豊に家督を譲り、とうとう隠居の身となった。一方勝元はといえば、このころは五山の禅僧横川景三《おうせんけいさん》に師事してますます禅道修行に心を傾け、文明四年には景三のため相国寺に小補庵という庵室を設けており、また前にも触れたようにみずから和漢の医書を集めて分類し、『霊蘭集』と名付ける医学全書をこしらえあげ、この年十二月に景三に頼んで序文を書いて貰っている。勝元は当年四十三歳なのだから政治家としても武将としても一番油の乗っている年代の筈なのに、これほど禅学や医学に没頭している有様は、もはや教養とか趣味とかいう段階を越えていて、幕府の管領にも東軍の主将にもふさわしくない日常であった。もはや思うままにならない戦争や政治よりも、信仰や学問の方に興味が移っていたとしか考えられない。

両方の主将がこんな有様だから、両軍とも、もはや組織的な戦争指導が行なわれなくなった。従って文明四年には、前述の越前の朝倉の活躍が一番目立っているだけで、あとは、西軍の斎藤妙椿が美濃から近江に再出撃して多賀高忠を越前に駆逐したこと、東軍の浦上則宗が西軍の畠山義就と山城・摂津間の要衝天王山の取り合いを行なったこと、東軍の興福寺衆徒筒井順永が大内氏の部将杉十郎を南山城の大北城に攻め滅ぼしたことのほかには大した戦闘もなく、全般に各地の戦局は低調だった。

宗全・勝元の死

文明も五年（一四七三）を迎えると、全国的にまったくといってよいほど合戦が行なわれなくなった。そして前年分国伯耆に下っていた山名教之が正月早々国許で病死し、例の伊勢貞親も同じ正月のうちに、隠退していた若狭で亡くなった。そうして三月十八日、西軍の主将山名宗全はついに病状あらたまり、七十歳の波瀾に富んだ生涯を西陣の邸内で閉じたのである。『但馬村岡山名家譜』には、宗全は臨終の床に一族家人を集めて富国強兵の謀を示したとあるが、おそらく天下制圧の見果てぬ夢を子孫に托そうとしたのであろう。遺骸は大蔭西堂が陣中において荼毘《だび》に付し、さきに応仁二年宗全が南禅寺真乗院に建立した遠碧軒に埋葬し、法名を崇峰、道号を最高と諡《おくりな》し、遠碧院殿と号した。

西軍の主将宗全の病死は、もちろんそのまま東軍の勝利をもたらすものではないとしても、少なくとも従前からひそかに行なわれていた和平交渉を促進する要素になったと思われる。早くも宗全の死後まもなく、四月になると両軍の和談が行なわれているが、今度は両畠山が承知しないので、なかなかまとまらないのだという評判が専らになった。事実、それまで宗全の庇護下にあった義視は四月二十三日、奈良の大乗院に寄寓中の前関白一条兼良に手紙を送って、和平後の身の振り方を相談しはじめた。

ところが、誰ひとりとして予想もしなかったことに、五月に入るとまもなく、東軍の主将である管領細川勝元がにわかに流行病に冒され、その十一日、壮年四十四歳を一期として東軍陣中の自邸であっけなく息を引きとったのである。法名を宗宝、道号を仁栄と諡《おくりな》し、龍安寺殿と号し、遺骨はさきに勝元の建立した菩提所である龍安寺に葬られた。勝元の逝去を聞いた尋尊大僧正は、その日記にただ一言「神罰也」と評言したが、たしかに老齢の上数年間病臥した宗全と異なり、勝元の急死はただ事でないという印象を世人に与えた。『応仁記』は次の言葉で全編を結んでいる。

数年ノ間両雄争ヒ止ム事ナク、京中 幷《ならびに》寺社悉《ことごと》ク灰燼ト成ル。人民飢寒ニ苦《くるし》ミ、両方力尽《つき》テ不《おもわざる》レ思ニ和儀 調《ととのお》リ、山名方悉ク国々へ下向セシカバ、勝元思ノ儘ニナリ、公方奉公衆、其外近国ノ侍ハ其ノ門下ニ拝趨セリ。山名七十歳ナレバ精力モ尽ケル故、終ニ空《むなし》ク成玉フ。遠碧院ト諡《おく》リ、勝元ハ四十四、未《いまだ》強仕ノ比ナルニ、カク逝去アリシ事、血気ニ誇リ争ヲナスモノ一方果ヌレバ必ズ死ヌル事タメシナキニ非ズ。（中略）山名死シテ五十日過《すぎ》ザルニ、勝元天年ヲ不《おえず》レ終シテ逝スル事、天ノナス所也。兵書 曰《にいわく》、兵者《は》凶器也。争ハ逆徳也。徳ヲ修セズシテ威ヲ以《もつて》人ニ勝タントスレバ、天亦其魄ヲ奪フ事、誠ナル哉。

以上のようにして、全国を大乱の渦中にまきこんだ両雄は、争乱がいたずらに長びき低調になった中で、いずれも己れの力の限界を露呈しながら、世人の不評と怨嗟《えんさ》のうちに相次いで世を去り、ここに彼らの野望は中途にして空しくなったのであった。そこで我々は宗全・勝元両雄のやり残した大乱の後始末と、その後の山名・細川両家のたどった運命とを瞥見して稿を閉じることにしよう。

義尚将軍となる

宗全の死によって意気消沈し、一時は和平に応じるかに見えた西軍諸将は、勝元の死によって気勢をあげ、そのため和平交渉もしばらくは立ち消えになって、むしろ再び戦機が動くかに見えた。八月には、さきに朝倉孝景に追い払われた甲斐八郎が越前に再侵入して戦いを挑み、畠山義就の部将遊佐某と斎藤妙椿の養子利国も、それぞれ河内と北伊勢を侵し、十月には大内勢も摂津に入って細川方の領内に放火し、山名政豊も大内勢を援けて摂津に出兵した。東軍側もこれに対抗して信濃の小笠原家長・木曾家豊らを美濃に侵入させ、大和の筒井順永は畠山政長勢を援けて河内に出陣し、西軍と交戦した。しかし、これらの戦闘は、もはや終盤戦の段階でしかなく、それぞれ有利な条件で講和を結ぼうという諸大名の思惑と、現地の主導権争いに没頭する在国の部将の動きから起こったものに過ぎなかった。

そうこうしているうちに、十二月には、時に三十九歳の義政がわずか九歳の嫡子義尚に将軍職を譲り、翌六年（一四七四）三月、小川に建てた新邸に移った。幼君義尚が母の日野富子に後見されて将軍の座についたので、大乱の目的はいよいよ無意味になった。そこで、四月初旬、細川・山名両家の諸大名は対面し、勝元の嗣子聰明丸（政元）と宗全の嫡孫政豊との間に講和が成立し、政豊は新将軍義尚から守護職などを安堵された。細川・山名両家をへだてる空堀には橋がかけられて、東陣から山名の陣を通って北野の天満宮に参詣に行くものや、山名方の占領下にあった下京から東陣へ物売りにくる商人などが自由に往来し始めた。義政・富子夫妻も、新将軍義尚も、早速猿楽見物だの紅葉狩だのといって出歩くようになった。

しかし東軍の赤松政則・畠山政長、西軍の大内政弘・畠山義就・土岐成頼などが和議に与《あずか》っていないので、まだ戦争状態が終ったわけではない。とくに政弘は、義視を義政と和睦させ、自分の発言権を高めてから兵を引きたいと望んで、今回の講和に加わらなかったので、彼は幕府に軍事的示威を行なって情勢を有利に導こうと計り、義就・成頼らとともに、ひといくさをもくろんだ。

政弘・義就らの軍勢は七月から九月にかけて繰り返し東陣に襲撃をかけ、また自党の部将に上洛を促したので、大和の古市胤栄・越智家栄、美濃の斎藤妙椿らもぞくぞく入京した。同時に政弘・義就らはその裏面で東軍側と和平折衝を続けており、閏五月には例の押大臣日野勝光が義就から二千百貫文（今日の一億数千万円に相当）の礼銭を受けて講和の斡旋をしているといわれ、九月には大内政弘が九州の分国を大友・菊池らの諸大名に侵されることを恐れて、やはり勝光に和平交渉を依頼したと噂された。現にこのころを境として、政弘・義就らは進んで戦闘を挑むことを差し控えるようになり、鳴りをひそめてしまった。

応仁の乱の終末

もちろん、地方の動乱はそのまま下火になったわけではない。注目すべきことに、このころから諸国では京都の両陣営からの指令によるよりも、各地の国人同士の対立を主体とした局地戦が中心となり始めた。越前では再び朝倉孝景に駆逐された甲斐八郎が、尾張・遠江の軍勢を集めて、三たび越前に攻め込んだが、斎藤妙椿が両者を和解し、ついで文明七年（一四七五）二月、八郎は東軍に帰順して遠江の守護代に任じられ、越前は全く孝景の手中に帰した。近江では西軍の六角高頼に山門領を押領された延暦寺の衆徒が、幕府に六角追討を願い出て、七年八月、京極勢・小笠原勢とともに高頼に戦いを挑んだが、高頼は九月・十月と続いてこれを撃破し、京極方は多賀紀伊守以下数百人の戦死者を出して敗走したので、近江南半は六角方に確保された。大和では東西両軍に分属していた興福寺の衆徒・国民が七年五月、国内で戦端を開き、西軍方越智家栄・古市胤栄らは大内勢に援けられて東軍方を攻めた。東軍方はこれを反撃し、さらに筒井舜覚は木津の大内勢を攻めて、いったんは勝利を得たが結局敗北して河内に逃れ、大和でも西軍方が優勢となった。安芸では六年（一四七四）十二月、西軍方の竹原（小早川）弘景が、東軍方小早川元平の属城高山城を攻めたので、幕府は義政の内書を下して備後の松田彦次郎らに元平を援助させ、一方義視は周防・長門の大内勢に弘景を加勢させた。七年三月、四月にかけて弘景は再び高山城を攻めたが、元平は備後の山名是豊の援軍とともに弘景を打ち破って駆逐したので、安芸では東軍方が優勢を維持した。

こうして地方でも東西両党の勢力分野があらまし固まってくるにつれて、文明八月（一四七六）から九年（一四七七）にかけては、僅かに豊前で大内方の佐田因幡守が少弐政資に属する馬嶽・岩石《がんしやく》両城を攻めたことや、三河に西軍の一色義直が攻め入って細川成之の守護代東条国氏と戦ったこと、あるいは伊勢の国司北畠政郷《まささと》が、北伊勢を幕府から取り上げられたのを怒って一色方の二城を攻め落したことなど、九州とか東海地方で大乱の余波が起こった程度になった。

そして、京都ではこの間にようやく全面講和の気運が盛り上った。「将軍家の代官として政治を動かし、権威無類だ」といわれた日野勝光は文明八年五月内大臣から左大臣に昇進したが、その翌月彼は四十八歳で病死した。例の尋尊は、「左大臣に任じて三十ケ日にも満たないで亡くなったのは、希《け》有《う》の神罰だ」と記している。この勝光の急逝で、義政と義視の間の障壁もほとんど取り除かれた。義政は同年九月大内政弘に内書を下して、和平のために尽力するよう要望し、政弘は義視に勧めて義政に対し隔意のない旨を誓わせた。その十二月、義政は義視に返書を与えて、和解の願いを聞き届ける旨を表明し、今後は決して疎略にしないといって義視の身柄を保証した。政弘の面目はこれで保たれることになったが、孤立無援になることを恐れた畠山義就が極力講和に反対し続けたので、すぐには和議が調わなかった。だが翌文明九年（一四七七）九月二十二日、とうとう大勢に逆らいきれなくなった義就は、独力で分国を切り取る決意を固め、京都の陣を撤収し、一族被官を引率して河内に去ったので、講和はようやく最後の結着点に達した。

大内政弘は義就が京都を去ると早速幕府に帰順を申し入れ、幕府はすぐこれを承認して政弘の官途を従四位下・左京大夫に叙任し、周防・長門・豊前・筑前の四ケ国守護職などを安堵し、ついで石見守護も山名政清から政弘に更迭した。政弘は将軍義尚に謝意を表明し、十一月十一日、全軍をまとめて京都を出発し、本国周防へ引きあげた。美濃の守護土岐成頼、能登の守護畠山義統らの西軍諸大名もそれぞれの陣地を焼き払って分国に引きあげ、京都滞在を恐れた義視も、成頼に伴われて美濃に下った。幕府では十一月二十日を期して在京の公卿・諸大名が義政・義尚のもとに参賀して天下静謐《せいひつ》を祝賀し、ここに前後十一年にわたった応仁の大乱は、まことに龍頭蛇尾の形で終末を告げた。

諸国の動乱

しかし、このような〝天下の静謐〟などによっては、崩れかけた幕府の秩序を立て直し、将軍・三管四職ないし守護大名の支配権を再建することは到底不可能だった。河内・紀伊・大和一帯の国人たちは、依然として両畠山方に分れて激しい対戦を続けていたし、尾張では斯波家の守護代織田敏定とその一族織田伊勢守が戦いを交え、駿河では守護今川義忠が遠江を攻めての帰途、流れ矢に当たって戦死し、その後国人は二派に分れて私闘を繰り返していた。さらに加賀では既に文明六年（一四七四）以来、一向宗門徒が守護富樫政親に反抗して一向一揆を起こし、守護代小杉を倒して「土民が侍分を国中から追い払う」という勢いになったし、出雲でも文明八年（一四七六）に土一揆が蜂起して守護代尼子清定の守る富田《とだ》城に迫った。

今や諸国の動乱は中央の情勢と結びつかずに独走し、守護大名の分国統治そのものを揺がし始めていたのである。東西両軍の守護大名がどうやら講和にこぎつけたのも、自分たちの足もとを掘り崩す動乱の新しい様相に恐れをなし、何とかこれを抑えようとしたためであったが、それもほとんど手おくれであった。叛乱をおさえることができた国々でも、その鎮定は守護大名自身の力によるものではなく、守護代以下在国の有力国人たちの武力に頼ったものに他ならない。従って大乱を利用して一国の守護にのし上った越前の朝倉孝景はいうまでもなく、美濃の斎藤妙椿、尾張の織田敏定、備前の浦上則宗、出雲の尼子清定などという守護代級の有力部将は、この大乱を契機として大なり小なり幕府の権威から半ば独立し、程度の差こそあれ、いずれも在地の国人たちとの間に直接の主従関係を結んで、新しいタイプの大名へと成長しつつあったのである。大乱終熄の翌月の十二月十日、例の尋尊大僧正の書いた次の言葉は、よくその真相をついている（大乗院寺社雑事記）。

　就《なかんずく》レ中天下の事、さらにもって目出度き子細これなし。近国においては、近江・美濃・尾張・遠江・三河・飛騨・能登・加賀・越前・大和・河内、これらは悉皆《しつかい》御下知《げち》に応ぜず、年貢等一向進上せざる国どもなり。そのほかは紀州・摂州・越中・和泉、これらは国中乱るるの間、年貢等のことは是非に及ばざる（どうにもならない）ものなり。さて公方《くぼう》（将軍）御下知の国々は播磨・備前・美作・備中・備後・伊勢・伊賀・淡路・四国等なり。一切御下知に応ぜず。守護の躰《てい》、則躰《そくてい》（当人）においては「御下知畏《かしこま》り入る」由申し入れ、遵行《じゅんぎょう》（幕命の伝達）等これをなすと雖《いえど》も、守護代以下在国のもの中々承引に能《あた》はざる（承知しない）ことどもなり。よって日本国は悉《ことごと》く以て御下知に応ぜざるなり。

尋尊の喝破したように、将軍や守護大名の命令は守護代・国人らに無視されるようになり、幕府の支配権は浮き上ってしまったのである。しかし表面的には諸大名の妥協によって一応幕府の権威が回復したかに見えた。山名氏は宗全の死と政豊の帰順によって勢力が低下し、大乱中赤松氏に奪い返された播磨・備前・美作三ケ国からもほとんど手を引いてしまったし、細川氏は勝元の死後、跡を継いだ政元（幼名聰明丸）が大乱終了時の文明九年（一四七七）にもまだ十二歳で、しばらくはとても政治力を発揮できる年齢でなかった。また大内政弘を始め多くの守護大名は分国に下って領内の叛乱をおさえることに専念していた。

このように将軍家を擁して権力を伸ばそうとする大物がおらず、それなりに諸大名の勢力は均衡したので、幕府は畠山政長が管領となって約十年間の小康状態を保つことができた。その間に前将軍義政は東山に山荘を営み銀閣を建て、相変らず逸楽の毎日を送り、一方夫人富子は政所執事伊勢貞宗と組んで勝手に政務を動かし、かつますます巨富を蓄えて物欲の権化となったし、義尚は父義政に輪をかけて酒色に溺れ、政治を顧みない生活を続けた。

もちろん政務は乱脈を極め、幕府権力は足もとから揺り動かされていた。例えば文明十二年（一四八〇）に、富子は内裏修理という名目で京都の七口に新しい関所を設けて通行税を徴収しながら、幕府の赤字財政の穴埋めに流用し、富子個人もピンハネしたというので、徳政一揆が蜂起して京都や奈良を荒らし廻り、奈良では興福寺の十三重塔も放火のため焼失してしまった。また文明十五年（一四八三）からは、それまで河内・大和で繰り返されていた両畠山の対戦が南山城に波及し、再び戦乱が大規模になったのに対し、文明十七年（一四八五）末、南山城の地侍たちは農民を糾合して有名な山城国一揆を起こし、両畠山勢の撤退、武士の押領した荘園の返還、新関所の撤廃を決議し、ついで三十六人の代表者を選出して、独自の掟を定め、それから八年間にわたり南山城の自治・自衛を実行した。

管領細川政元

将軍家はもとより、管領畠山政長の権威なども、もちろん形なしだった。ここに到って、ようやく成人した細川政元が政長に対抗し始めた。政元は文明十八年（一四八六）七月、政長に代って、二十一歳で初めて管領に就任したが、まもなく再び政長に譲り、翌長享元年（一四八七）、再び管領になった。このように表面は両者協調して交替で管領になったが、その実、彼らは激しい暗闘を始めていたのであって、それはちょうど昔の勝元と畠山持国の対立が再現したようなものである。

あたかも将軍義尚は、近江守護の六角高頼に所領を押領された近臣たちの勧めに従って、六角氏を討伐して将軍家の権威を回復しようと決心し、政元の管領再任直後、みずから軍を率いて近江に乗り込んだ。しかし諸大名はこの将軍親征に乗り気でなく、ことに政元は義尚と意見が衝突して途中で京都に引きあげてしまった。親征が腰くだけになった義尚は近江鈎《まがり》の陣営に滞在したまま酒色に身をもち崩したあげく、延徳元年（一四八九）三月、二十五歳で若死し、幕府はたかだか一国守護の大名さえ征伐しきれないという弱体性を天下に広告する羽目になった。義尚には子供がなかったので、義政夫人富子は畠山政長と計り、義政に勧めて、美濃にいる義視の子義稙《よしたね》（はじめ義材《よしき》、後の名に統一表記）を後継ぎにしようとして義視父子を京都に招いたが、政元は政長の勢力増大を恐れて反対し、堀越公方政知《まさもと》（義政の弟、義視の兄）の子で天龍寺香厳院の僧となっていた清晃《せいこう》を立てようとして、ひそかに準備を進めた。そのうち翌延徳二年（一四九〇）正月、義政が五十五歳で亡くなったので、畠山政長は義視と図って義稙を将軍にし、義視はこれを後見して幕政を執り、たちまち富子と衝突した。

政元は管領を辞任し、未亡人富子と結んでひそかに義視・義稙父子を倒して清晃を立てようとして機会を窺っているうち、義視は翌年正月に亡くなった。しかし将軍義稙は近江六角氏を再征し、さらに明応二年（一四九三）には畠山政長の勧めにより、畠山義就（延徳二年没す）の子義豊を伐つため、政長とともに河内に出陣した。好機を捉えた政元は同年四月、急に兵を遣わして政長の京都の邸を焼き、清晃を将軍に擁立して義澄（はじめの名は義遐《よしとお》）と称えさせ、続いて閏四月、大軍を発して義稙・政長を河内正覚寺の陣に囲ませた。不意をつかれた政長は自殺し、義稙はいったん捕えられたがまもなく脱走して越中に逃れ、のちに周防山口に走って大内義興（政弘の嗣子）に頼り、京都回復の機会を窺った。

政敵畠山政長を仆した政元は、傀儡将軍義澄の下で管領に就任し、「半将軍」といわれるくらいの専制権力を築き上げ細川氏の勢威は勝元の頃を凌ぐかのように見えた。しかし、既に細川氏の分国は決して平穏でなくなっていた。

政元は、文明十四年（一四八二）摂津守護代薬師寺元長の要望をいれて、元長と対立する同国の国人らを抑えるため畠山義就党討伐と称して摂津に出陣し、国人茨木氏の父子兄弟を切腹させて帰洛したのであったが、分国全般に張り始めた下剋上の動きは、一時的な弾圧ではとても抑えきれるものではなかった。阿波では文明十一年（一四七九）頃から、守護細川成之の嫡子政之の放縦を嫌った被官の間にこれを廃そうとする動きが起こり、文明十七年（一四八五）には阿波の国内が乱れたので、成之・政之父子は一族細川政国・尚春らとともに鎮定に下向した。備中では延徳三年（一四九一）守護代荘《しょう》氏の一族荘伊豆守元資が叛乱を起こし、守護勝久が京都から下向して、翌年ようやく鎮圧に成功した。また讃岐では明応四年（一四九五）に一揆が蜂起して、細川被官の牟《む》礼《れ》兄弟を殺したので、政元の宿老安富元家が京都から乗り込んでようやく鎮定した。

分国にはこのようにしだいに不穏な動きが起こっていたのに、肝心の管領政元が段々に奇妙な性癖をあらわした。彼はもともと偏執狂的な性格だったらしく、修験道《しゆげんどう》に凝ってついには狂信家になり、絶対に女性を近づけず、毎日斎戒沐浴して呪文を唱え、果てはあらぬ事を口走って空中に躍り上るようになったという。現に自分の立てた将軍義澄ともしばしば衝突した。義澄から五箇条の意見を書いてつきつけられたこともあり、また幕府での宴会の席上、義澄と口論し、杯を投げて退席したこともあった。その上、何回も諸国行脚を思い立って不意に邸を抜け出し、その都度将軍の使者や自分の家来に連れ戻されている。

政元は自分の継嗣問題についても常識はずれのやり方を行なった。彼は妻子がないからというので、延徳三年（一四九一）に関白九条政基の子を養子に迎えて澄之《すみゆき》と名付けたが、やがてこれを疎んじて、文亀二年（一五〇二）細川一門の重鎮である阿波細川家の茂之《しげゆき》入道の孫を養子にして、澄元と名のらせた。これまで一族家臣が一応団結して宗家を盛り立てていた細川氏も、半ば狂気の管領政元が二人の養子を取ったことから、たちまち収拾のつかない内訌に巻きこまれてしまうのである。

政元が政治を顧みない間に内衆の重臣香西《こうざい》・薬師寺等の諸氏が権勢を強めてきた。その一人である摂津守護代薬師寺元一《もとかず》は、政元の重臣赤沢宗益と結んで政元を倒し澄元を擁立しようとして永正元年（一五〇四）、山城の淀で叛乱を起こしたが、失敗して滅ぼされた。しかし同三年（一五〇六）、政元はそれまで阿波にいた澄元を京都に呼び寄せたので、阿波細川家の家宰三好之長《ゆきなが》は澄元を連れて上洛し、堺にも邸を構えて急速に勢力を強めた。之長の権勢をねたんだ内衆の一人香西元長は澄之を当主に立てて、政元およびこれと結ぶ澄元・之長を倒そうとして、翌永正四年（一五〇七）六月、入浴中の政元を襲って殺し、澄元・之長の邸を囲んで攻めた。政元は四十二歳の厄年であった。

ここに政元の非業の最期とともに細川氏の権威は転落の一歩を踏み出し、細川両家の骨肉相食む争乱が始まるのである。

細川宗家の没落

澄元・之長は身をもって逃れ、まもなく細川一門の高国（細川政春の子）の援けをかりて澄之・元長主従を滅ぼしたが、しかし永正五年（一五〇八）、細川高国は三好之長の権勢を憎んで挙兵し、前将軍義稙を擁して京都に進攻してきた大内義興を迎え入れて、義稙を再び将軍に復し、高国が管領になり、大内勢の力で澄元・之長を阿波に駆逐した。之長は澄元を擁して永正八年（一五一一）京都に攻め上ったが失敗に終った。管領細川高国の背後にある実力者は大内義興であったが、義興は永正十五年（一五一八）分国周防に引きあげた。之長は再び澄元をかついで永正十七年（一五二〇）京都を襲ったが、近江の六角定頼の援軍を受けた高国方に破られて之長は戦死し、澄元は阿波に逃げ帰って病死した。

翌大永元年（一五二一）、将軍義稙は管領高国を嫌って阿波に逃れ、高国は前将軍義澄の子義晴を迎えて将軍としたが、この高国の権勢は、もはや落日の後の残照に過ぎなかった。彼は大永六年（一五二六）、一族細川尹賢の讒言を信じて重臣香西元盛を殺したことからたちまち家臣の離反を招き、これに乗じて四国勢を率いて阿波から攻め上った三好元長（之長の孫）のために、享禄四年（一五三一）摂津尼崎に追いつめられて自殺した。

三好元長は細川澄元の子晴元をかついで当主にしたが、晴元は元長の権勢に代ろうとした三好政長

（元長の叔父）・木沢長政（もと畠山氏の家臣）の讒言を聞き、一向一揆の力をかりて元長を堺に攻め滅ぼした。やがて元長の子三好長慶《ながよし》が四国と畿内の国人を集めて挙兵し、天文十一年（一五四二）に長政を、天文十八年（一五四九）に政長をたおして父の仇を討ち、晴元を近江に駆逐した。天文二十一年（一五五二）正月、力尽きた晴元は頭をまるめて心月一清と号して若狭に落ちのび、長慶は傀儡将軍義輝（初め義藤、義晴の嫡子）のもとで、細川氏の一族氏綱を名前だけの管領に据えて、完全に幕府の実権を握った。また、三好一族にかつがれていた阿波の細川持隆も、翌天文二十二年（一五五三）長慶の弟之康《ゆきやす》（義賢、実休）に殺され、細川氏の四国支配には完全に終止符が打たれてしまった。

西国では天文二十年（一五五一）大内義隆が家宰陶晴賢《すえはるかた》に殺され、やがて弘治元年（一五五五）には毛利元就が厳島の戦いで晴賢を攻め滅ぼす。東国では天文二十年、関東管領上杉憲政が北条氏康に駆逐されて、越後の長尾景虎（上杉謙信）に頼り、景虎は天文二十二年、武田晴信（信玄）と第一回の川中島の戦いを行なっている。ひとり細川氏だけでなく、全国的に旧い守護大名の命脈は尽きて、新興の戦国大名が雄飛する時代を迎えたのである。なお三好長慶に反対する諸将は、その後も細川晴元方と称して、時折長慶に反撃を試みたが、それも次第に衰え、永禄四年（一五六一）五月、晴元はついに長慶の軍門に降り、翌々永禄六年（一五六三）三月、幽居地の摂津普門寺で佗しく五十歳の一生を終えた。晴元の子信良（昭元）はこれよりさき長慶に引き取られていたが、まもなく織田信長が覇権を築くとこれに仕えた。その子元勝は家康に従属し、大坂の陣ののち龍安寺に隠居したという。

嫡流はこのように、晴元以後全く政治的生命を失うが、ただ細川一門の中でも、頼之の弟頼有を祖とする和泉半国守護家の後裔である細川藤孝（幽斎）は、当時一流の教養人として知られ、信長・秀吉・家康に仕えて重く用いられた。その嫡子忠興は信長に仕えて丹後宮津の城主となり、さらに秀吉・家康に歴仕し、関ケ原役の功で豊前中津三十九万石の藩主となった。さらに忠興の子忠利に至って、肥後熊本五十四万石という大藩の初代藩主に封ぜられ、一族は分れて肥後宇土・同新田・常陸矢田部の各藩主となり、いずれも子孫相承けて明治維新に及んだ。

以上のように、細川氏は勝元の死後もその嫡子政元がともかくも権勢を振るい、その後一家両分したとはいえ、管領の座は一族高国に受けつがれた。さらに嫡統の晴元は三好氏にかつがれるが、三好長慶に追われ、細川氏の嫡流は没落した。しかし一門の中からは近世外様雄藩の大名を生み出したのだから、勝元も以て瞑すべしだといえよう。

これに比べると応仁の乱以後における山名氏の衰退はもっと著しかった。

山名家の衰退

祖父宗全の跡を嗣いだ山名政豊は、文明六年（一四七四）の細川氏との講和によって、但馬・備後・安芸の守護職を安堵されるとともに、一時は山城守護にも任じられた。また一族豊時は因幡、政之は伯耆、政清は石見の守護職を安堵された。しかし播磨・備前・美作は赤松政則の分国に帰し、伊賀は仁木氏の分国になったため、山名氏の分国はだいたい嘉吉の乱以前の状態に縮小してしまった。しかも山名氏の権力の基礎は細川氏よりも弱かったので、山名一門が長年京都に在陣していた間に庶流一族や国人らの自立の勢いが高まり、因幡・伯耆などでも叛乱が次々と起こった。

文明十一年（一四七九）以来、政豊は但馬に下り、政之は伯耆に下って鎮定につとめ、政豊は文明十二年伯耆の法勝寺城を攻め、政之は翌年同国円山城の山名元之を攻めて美作に駆逐し、一応叛乱を平げることができた。そこで政豊は国内平定の余勢をかって赤松氏の分国を実力で併合しようと図り、文明十五年（一四八三）八月、分国の軍勢を動員して播磨に侵入した。不意を衝かれた赤松政則は急ぎ本国に帰って、守護代浦上則宗とともにこれを防いだが及ばず、十二月、政豊は赤松勢を真弓峠に打ち破り、翌年にかけて播磨・備前・美作の大半を占領してしまった。しかし赤松勢はしだいに反撃に出て、各地で山名勢を破り、政則は長享元年（一四八七）三月、播磨坂本城を奪還した。政豊は翌二年（一四八八）七月、ついに大敗北を喫してほうほうの躰で但馬に退却した。

この敗退は政豊の威信をいちじるしく傷つけ、分国内に以前にまさる大きな動乱の起こるきっかけを与えた。これよりさき政豊は備後に長子俊豊を派して治めさせていたが、この俊豊は父の播磨侵攻には批判的だったらしく、長享元年味方が播磨で苦戦を続けているのをよそに見て、将軍義尚の六角征討に参加して近江に出陣したくらいであった。そこで山名の一族や内衆の一部は、政豊を廃して俊豊を立てようとして本国但馬で蜂起し、政豊は家臣田公《たぎみ》某らに守られてやっと難を避けたが、翌延徳元年（一四八九）再び叛乱の火の手は因幡・伯耆にも拡がり、明応二年（一四九三）には、ついに政豊・俊豊父子が但馬で相戦うところまで発展した。やがて明応八年（一四九九）政豊は病没し、次子致豊《むねとよ》が但馬守護を継いだが、致豊は老臣垣屋続成《つぐなり》と対立し、結局永正九年（一五一二）、三十五歳の若さで弟誠豊《さねとよ》に分国を譲って隠退した。このような深刻な内訌によって山名氏は分国を統制する能力も中央政界に復帰する勢力も失ってしまい、但馬の垣屋・田結庄、伯耆の南条・小鴨、備後の和智・山内などの有力国人がそれぞれ自立して割拠する状態になったのである。

そのころ、中国地方の西部では周防の大内義興がますます強大となり、山陰では京極氏の庶流で出雲守護代であった尼子経久が主家に代って勢力を振るい、山陽では赤松氏の播磨守護代の浦上村宗が主家を凌いで強盛になった。とくに大内義興は前に触れたように将軍義稙をかついで入京し、細川高国を援けて幕府に勢力を張るが、山陰では、すでに父政弘が山名政清に替って守護となっていた石見国を継承した。山名某は尼子経久の援助を受けて大内氏の支配に一時抵抗したが、山名一門にはとうてい義興に対抗する力もなく、石見の回復は不可能であった。またそのころ、義興の勢力が備後に及んでくると、同国神辺《かんなべ》城主の山名氏明をはじめ、山内直道・同豊道らの一族や和智豊元・同豊郷以下の国人らは多くの義興の麾下に入り、山名氏の支配力は備後からも後退した。

一方、播磨では浦上村宗が主君赤松義村を殺害したのに対して、浦上村国は義村の子政祐をかついで村宗に対抗し、赤松氏の家臣は両分して争うようになった。そこで山名誠豊はこの機に乗じ、大永二年（一五二二）十一月、軍勢を率いて播磨に侵入し、広峰山に布陣した。しかし村宗は村国と協定して政祐を主君と仰ぎ、内訌を中止して山名勢に当たったので、翌大永三年（一五二三）十一月ついに誠豊は敗れて但馬に引きあげ、山名家の勢力挽回の試みはまたも失敗に終った。

この時期に山名の分国伯耆に襲いかかったのは西隣出雲の尼子経久である。経久は大永四年（一五二四）五月、大軍を率いて突如伯耆に攻め入り、たちまち一国を席捲した。伯耆の諸将は分立して互いに争っている最中であったから、河口城の山名久氏、羽衣石《うえいし》城の南条宗元らの諸将は将棋倒しのように敗れて因幡に遁走し、残る国人は風を望んで経久に降服し、ここに伯耆は事実上尼子の分国となって、山名氏は僅かに誠豊が但馬、一族誠通（豊時の孫）が因幡を領有するに過ぎなくなった。しかも誠豊と誠通は因幡の支配をめぐって争い、そのうち享禄元年（一五二八）誠豊は没し、その養子祐豊（致豊の子）が但馬の守護を継ぎ、弟豊定とともに誠通と内戦を繰り返し、やがて豊定が因幡守護になった。しかし天文七年（一五三八）、因幡は尼子勢に侵略され、淀山城・草刈城等は尼子経久の手に属し、豊定はわずかに鳥取・岩井の両城を保つに過ぎなくなった。

そのころ安芸には毛利元就が台頭し、大内義隆と結んで尼子氏と対抗するようになった。天文九年（一五四〇）、尼子詮久が安芸に出陣して元就を郡山城に攻めた隙をうかがい、山名祐豊は伯耆奪還を試みて尼子の勢力圏に侵入したが、守将尼子国久らに撃破されて退却した。一方備後では山名氏の一族理興《ただおき》が大内義隆の援助で同族の山名氏政を攻め滅ぼして神辺城主となり、ついで尼子晴久に誼《よしみ》を通じて、大内・毛利方に対抗しようとし、天文十二年（一五四三）安芸の椋梨《くちなし》に侵入した。毛利元就はこれを撃退し、つづいて義隆の部将弘中隆兼と協力して備後に侵入し、神辺城を包囲したが、理興は決死の籠城をして数年間にわたり毛利方の攻撃に抵抗した。天文十七年（一五四八）、大内義隆は陶隆房（のち晴賢）・平賀隆宗以下を遣わして毛利勢とともに神辺城を猛攻撃させた。なお理興は屈せず防戦したが、天文十八年（一五四九）九月に至り、ついに城を棄てて出雲に逃走し、尼子氏の庇護を受け、神辺城は毛利氏の手に帰した。やがて大内義隆が陶隆房（晴賢）に亡ぼされ、一方弘治三年（一五五七）山名理興も没したので、元就は理興の一族山名盛重に家督を相続させ、備後の山名氏は全く元就の家臣になり下った。

一方尼子晴久は天文二十一年（一五五二）、将軍義輝から因幡・伯耆・備前・美作・備中・備後六ケ国の守護に任じられ、ますます因幡の大半を制圧したので、山名祐豊・豊定兄弟は毛利元就と結んで晴久に抵抗し、天文二十二年（一五五三）晴久と元就が備後で交戦したとき、元就を援けて出陣し、尼子勢と戦った。しかし永禄九年（一五六六）、元就が尼子の本城出雲富田《とだ》城を攻め落して尼子義久を捕え、毛利氏の勢力が直接因幡に及ぶ。そこで脅威を感じた祐豊と豊定の嫡子豊国は、永禄十二年（一五六九）尼子勝久・山中鹿介《しかのすけ》幸盛主従が織田信長の後援を受けて尼子家再興を図ると、これに味方して勝久・幸盛らの出雲侵入を援助した。元就の次子吉川《きつかわ》元春が天正元年（一五七三）十月、出雲から伯耆を経て因幡に攻め寄せると、豊国はたちまち元春に降服したが、翌年九月、勝久・幸盛が信長の援助で因幡に入り再挙を企てると、再び勝久らに応じた。ところが天正三年（一五七五）八月、吉川元春・小早川隆景兄弟が勝久討伐のため因幡に来襲すると、豊国は再び元春らに降服した。

このように山名豊国は織田・毛利の二大勢力の間にあって反復を繰り返し、何とか山名家の存続を図ろうとしたが、もちろんこれは最期のあがきに過ぎなかった。天正八年（一五八〇）、羽柴秀吉が信長の命により姫路を本拠地として中国経略に着手し、同年九月大軍を擁して鳥取城を囲むと、豊国は家臣中村春続・森下道誉らの籠城意見をきかず、同月二十一日城外に脱出し、秀吉の陣中に投じて降服し、ついで鳥取城は陥り、ここに守護大名山名氏は名実ともに亡び去ったのである。

なお豊国は入道して禅高と号し、摂津の多田に佗び住いをしていたが、やがて名門の故をもって徳川家康に召し出され、但馬七味《しつみ》郡に六千七百石の領地を与えられ、その子豊政とともに関ケ原役・大坂の陣に従軍してのち、寛永三年（一六二六）七十九歳で病没した。豊国の伯父祐豊は天正九年（一五八一）に没し、その子らはそれよりさきに早世していたので、徳川将軍家の直参として僅かに宗祀を保ったのは右の豊国の子孫である但馬村岡の山名家とその庶流のみであった。

思えば細川勝元は三管領、山名宗全は四職の名門から出て権勢を張り合ったが、自己の実力を過信した彼らの権力闘争は、全国をいたずらに大乱の渦中に追いやったに過ぎず、勝元・宗全ともに戦争指導力の限界を露呈しながら、戦乱半ばにして世を去った。しかもこの大乱を契機として、全国的に守護代や国人のなかから戦国の群雄が続出し、足利将軍家はもとより、細川・山名両家も相前後して衰運の一途をたどったのである。したがって勝元・宗全両将の勢威は、室町幕府の衰亡を前にして咲き誇った徒花《あだ》のような権勢でしかなく、彼らはいずれも権力争いによって古い支配秩序の自壊作用に拍車をかけ、一世紀にわたる戦国争乱への道を開くという皮肉な役割しか担うことができなかったといえる。

山名宗全・細川勝元年譜（年齢は数え年）

西暦	年号	年齢	山名宗全（持豊）事項	細川勝元事項	年齢
一四〇四	応永一一	1	持豊生まれる		
一四一三	応永二〇	10	持豊元服		
一四三〇	永享　二	27		勝元生まれる	1
一四三一	永享　三	28	持豊の兄持熙廃嫡される		
一四三三	永享　五	30	近江坂本に土一揆蜂起、持豊、父時熙と共にこれを平定 8・9持豊家督を継ぎ、但馬・備後・安芸・伊賀守護となる 11・27将軍義教の命により、持豊比叡山攻撃に進発		
一四三五	永享　七	32	7・4持豊の父時熙没す		
一四三六	永享　八	33	8・25持豊、但馬一の宮出石神社に願文を納める		
一四三七	永享　九	34	7・持豊の兄持熙、備後に叛乱。持豊これを討ち取る		
一四三八	永享一〇		8・足利持氏挙兵、翌年2・敗死（永享の乱）		
一四四〇	永享一二	37	3・高野山、備後大田庄の守護請について持豊を幕府に訴訟 6・13持豊、侍所所司となる		

一四四一	嘉吉元	38	6・24赤松満祐、将軍義教を自邸で誘殺（嘉吉の乱） 7・12持豊、侍所所司を辞す 9・10持豊、満祐を播磨木山城に攻め滅ぼす		
一四四二	嘉吉二			8・4父持之没し勝元当主となる	13
一四四三	嘉吉三	40	7・23足利義成（のち義政）将軍家を継ぐ	勝元このころ持豊の女を妻とする	14
一四四五	文安二	42	3・持豊、赤松満政を摂津有馬郡に攻め滅ぼす	3・29勝元管領となる	16
一四四九	宝徳元		4・29足利義成（のち義政）征夷大将軍となる	10・5勝元管領職を畠山持国に譲る	20
一四五〇	宝徳二	47	持豊、入道して宗峰と号し、後に宗全と改める	勝元、龍安寺を建立	21
一四五二	享徳元			11・16勝元再び管領となる	23
一四五三	享徳二				
一四五四	享徳三	51	畠山弥三郎・同義就家督を争う 11・2義政、宗全追放を命令する　11・宗全、勝元の忠告により家督を嫡子教豊に譲り、但馬に隠退	11・3勝元、宗全追討に反対し東山五大堂に籠る	25
一四五五	康正元		赤松則尚、宗全の孫政豊の籠る播磨室山を攻める		

		52	5・12宗全但馬から播磨に攻め入り、則尚を備前鹿久居島に滅ぼす		
一四五八	長禄　二	55	8・9義政、宗全を赦免し幕政に参与させる	8・勝元、赤松家再興を援助、これを機に宗全と勝元の溝深まる	29
一四五九	長禄　三	56	11・24宗全、赤松家再興に尽力した石見太郎左衛門尉を殺す	畠山弥三郎没す、勝元その弟政長を援助する	30
一四六〇	寛正　元	57	10・宗全、嫡子教豊を追放	12・勝元、讃岐一の宮田辺神社に壁書を出す	31
一四六二	寛正　三	59	9・土一揆京に乱入、山名などの軍勢これを鎮圧	9・勝元、興福寺に池田充正の代官就任を迫る	33
一四六四	寛正　五		12・義尋還俗し足利義視と名のる		
一四六五	寛正　六		11・23日野富子、義尚を生む		
一四六六	文正　元	63	9・6宗全・勝元協力して伊勢貞親らの追放に成功する	9・5義政、義視を殺そうとする。義視、勝元を頼る 勝元、初めて一子政元をもうけ、養子豊久（宗全の末子）を追放	37
一四六七	応仁　元	64	1・5宗全・富子ら義政を動かし畠山政長邸を没収しようとする　18畠山義就、山名政豊の加勢を得て上御霊社に政長を攻撃（御霊合戦）	1・15勝元、与党の大名を集める。ついで義政の命により政長への加勢を断念 17政長、自邸を焼き、上御霊社に布陣 19政長、逃れ去る 3・3勝元方の大名、上巳の節句に花の御所へ出仕せず	38
			3～5・京の近辺で両軍の小競合い続く		

			5・17山名方作戦会議を開く	5・赤松勢、山名の分国備前・美作を荒らす	
				5・24勝元、諸大名を召集し総攻撃を決定する	
			5・26東西両軍激突		
				6・6勝元、義政から宗全追討の軍旗を受ける	
				7・24東軍総攻撃	
			8・23大内政弘勢上洛し、西軍に加わる	8・23東軍の総大将義視逐電、伊勢の北畠氏を頼る	
一四六八	応仁　二	65	6〜8西軍、東軍を攻撃する	3・勝元、群盗を自軍に誘う	39
			11・13義視比叡山にのがれ、ついで宗全を頼る	9・22義視帰京し東軍の陣に入る	
一四七〇	文明　二	67	6・宗全、病のため木彫りの花押を用いる		
一四七二	文明　四	69	8・宗全、家督を嫡孫政豊に譲る	12・勝元、医書霊蘭集を著す	43
一四七三	文明　五	70	3・18宗全没す	5・11勝元没す	44
			12・19義政、将軍職を義尚に譲る		
一四七四	文明　六		4・3東西両軍の諸大名会見。細川政元・山名政豊講和する		
			7〜9・講和に不満の大内政弘ら東軍を攻撃。この頃より各地の国人による局地戦一段と活発化する		
一四七六	文明　八		6・15日野勝光没す		

一四七七	文明　九		9・22畠山義就、河内へ移陣する 11・11大内政弘、周防へ引きあげる 11・20在京の公卿、諸大名ら義政・義尚のもとへ参賀し、大乱の終結を祝う

『山名宗全と細川勝元』を読む

岡野友彦

武田信玄と上杉謙信、明智光秀と豊臣秀吉など、歴史上には何組かの忘れ難いライバルを列挙することができる。そして彼らの対立は、川中島の戦い、山崎合戦などといった名勝負とともに、歴史愛好家の間で永く語り伝えられてきた。

山名宗全と細川勝元もまた、応仁の乱という日本史上最大の内乱を引き起こした両雄としてよく知られている。しかし応仁の乱には、軍事史上に語り伝えられるような名作戦や名勝負もなく、また最終的にどちらが勝利をおさめるということもないまま、結果として一世紀にわたる戦国争乱の幕開け役を果たしてしまったため、二人の評判は後世甚だ悪く、あえてその評伝を著そうとする者もいなかった。

本書はそうした中、今から半世紀近く遡る一九六六年、当時、新進気鋭の日本中世史研究者であった小川信氏によって、「日本の武将」シリーズの一冊として書き下ろされた、初の宗全・勝元両雄の評伝である。それから二八年後の一九九四年、本書は新人物往来社から新装版の単行本として復刊されており、一般にはそちらの方がよく知られている。しかし今日では、その新装版も品切れとなって久しく、一般読者には入手困難となっていた。しかるに今回、一九年ぶりに「読みなおす日本史」シリーズの一冊として再び復刊されることとなった。

私事にわたって恐縮であるが、私は一九八〇年から八八年まで、國學院大學と同大学院で小川先生に師事し、本書が一九九四年に復刊される際には、東京大学史料編纂所の林譲先輩と二人で、旧版の誤記・誤植の訂正や、校正などのお手伝いをさせていただいた。そのような思い出の一冊に、今回「解説」を寄せるよう求められたため、不遜も省みずこれをお引き受けしてしまった。よって「解説」としてはいささか異例かもしれないが、ここでは著者のことを「小川先生」とお呼びすることをお許しいただきたい。

さて上述したとおり本書は、一九六六年、「日本の武将」シリーズの一冊として刊行されたわけだが、この「日本の武将」シリーズは、同年から翌一九六七年にかけて、人物往来社から刊行された叢書で、『坂上田村麻呂』から『天草四郎』に至る二六冊の刊行が確認されている。ただ『天草四郎』が第七三巻と銘打って刊行されているところを見ると、全七三巻、もしくはそれ以上の刊行が予定されていたのであろう。本書はその第二五巻に当たり、第二六巻には勝守すみ氏著の『太田道灌』が控えている。

小川先生は一九二〇生まれなのでこの年四五歳。世間的にはむしろ「中堅」に属する世代だが、先に「新進気鋭」と称したのには訳がある。先生は太平洋戦争開戦直後の一九四二年、國學院大學を繰り上げ卒業後、応召。終戦後は三年にわたるシベリア抑留ののち復員され、高校教員を経ながら一九五八年、三七歳にして國學院大學大学院に進学された。そして本書刊行の前年、一九六五年三月に大学院博士後期課程を単位修得され、本書刊行年の四月、いよいよ國學院大學文学部の専任講師に採用された。まさに「新進気鋭」の時期における、先生初の書き下ろし単著なのである。

実はこれ以前、先生は「紀伊国鞆淵荘に於ける郷村制形成過程」（『国史学』五二号、一九五〇年）などといった、荘園村落に関する優れた論文をいくつか発表されていた。しかし一九五八年の大学院進学後、先生は細川氏を中心とした足利一門守護研究へと方向転換され、本書の刊行と同じ一九六六年には、『國學院雑誌』六七巻に「守護大名細川氏の興起」という論文を発表されている。一一年後の一九七七年、先生が「初期室町幕府における一門守護の研究」により日本学士院賞を受賞されることを思うと、本書はそこへと至る記念すべき第一歩と評価することが許されよう。また先生は、一九七二年に吉川弘文館から人物叢書『細川頼之』、一九八〇年には同社から『足利一門守護発展史の研究』、二〇〇一年には思文閣出版から『中世都市「府中」の展開』という単著を上梓されることとなるが、本書はそれらの嚆矢を飾る一冊とも言える。

本書の構成は、まず冒頭に「細川家と山名家」と題して両家の来歴とその家風の違いを論じた後、

「山名持豊（宗全）の前半生」と「勝元の登場および宗全との対立」の二章で宗全と勝元の前半生を論じ、さらに「分国の情勢」と「諸大名の分争」の二章で応仁の乱へと至る歴史的背景を論じた上で、いよいよ「戦運迫る」「東西両軍の激闘」「長期戦の様相」の三章で応仁の乱の過程を詳述し、最後に「両将の死とその後の両家」を以てその結末を締めくくっている。『山名宗全と細川勝元』と銘打ってはいるものの、二人の人物史というより、応仁の乱の全貌を論じた政治史という色彩の方が濃い。

とは言え、決して本書が山名宗全と細川勝元という二人の人物描写を怠っているわけではなく、その全編を通じて、「ともかく実力一点張りで、古来の伝統などは物としない」宗全と、「自分たちは正面に出ず、あれこれと手を廻して目的貫徹のために策略をめぐらした」勝元とが、きわめて印象的に描かれている。ただ本書は、こうした二つの強烈な個性を、決してその二人だけの対比で終わらせるのではなく、細川家と山名家という、二人の生まれ育った環境の相違へと敷衍させている点に、その第一の特色がある。例えば、

いうなれば細川家が確実な布石をしいた上で、徐々に大模様を張る作戦を採ったのに対して、山名氏は中盤戦の打込みで一挙に勢力を占めたようなものである。（二七頁）

という、囲碁の勝負にたとえた絶妙の表現、あるいは

東海道筋の繁華な三河矢作宿に近い細川郷で成長した細川一族と、北関東の僻村山名郷に育った山名時氏とでは気風にも教養にもおのずと違いがあって、同じく風雲に乗じて幕府の重鎮となっ

たといっても、両者の行き方に相違の起こる一因となったと思われる。（三〇頁）

という、細川郷と山名郷の対比から論じた考察などが見逃せない。

また本書第二の特色として、丹波国大山荘・備前国新見荘・播磨国矢野荘など、戦後歴史学において長足の発展を遂げた東寺領荘園の研究成果を十二分に活かし、「在地情勢にはいたるところに紛争の種がまかれ、複雑な対立がくすぶっていた」ことを明らかにした点が挙げられよう。京都で応仁の乱がおきた、ただそれだけのことで「両軍の戦闘はみるみる拡大し、世をあげて戦乱の渦中に巻き込まれる状態となった」のはなぜか、この問題に対して本書は、

もともと各地方の国人の間には根深い対立があり、あるいは守護大名や守護代・請所代官などの内衆に対する反感がわだかまっていたから、わずかのきっかけでもたちまち戦乱の火の手は大きく燃えひろがったのである。（一八四頁）

と結論付ける。確かに「勝元と宗全というライバルは、二人とも応仁の乱のいわば火付け役に違いない」。しかしその二つの強烈な個性の衝突だけが、「一世紀にわたる戦国争乱の道を開く」役割を果たしたかというと、決してそうではない。そんな「わずかなきっかけ」が、「一世紀にわたる戦国争乱」へと直結するような在地の情勢、国人間の対立が既に熟成されていたとするのが本書の主張なのである。

かといって本書は、決して戦後の同時期に多く見られた人物不在の経済的基底還元論に与している

訳ではない。あくまでも歴史を動かした主役を人間と捉えつつ、その背景にそれぞれの生まれ育った環境があり、その人物の思惑を超えて動き始める周囲の社会が拡がっていると考えているのである。よって本書には、細川勝元・山名宗全という二人の主役の周囲に、個性豊かな多くの脇役たちが登場する。政治的意欲を喪失した将軍足利義政はもとより、日野勝光・伊勢貞親・季瓊真蘂らの佞人たち、戦国武将の先駆的猛将朝倉孝景など、あたかも彼らの群像劇を見る如くとでも言えようか。

最後に、本書をめぐる思い出を一つご紹介して、拙い「解説」を終えたい。

上述したとおり私は、先の新装版刊行に際し、本書校正のお手伝いをさせていただいたわけだが、その刊行後に先生から、なおいくつかの訂正個所の残存することを、私信にてご指摘いただいた。文字通り不肖の弟子として、お役に立てなかったことを恥じ入った次第であるが、その「訂正」の中には、山名宗全が犬追物を好んだ証拠として、『山名家犬追物記』の冒頭に記された宗全自身の文章を挙げた際、

宗全の次男是豊が文正元年（一四六六）に記した奥書（写本では巻頭に移っている）のある『山名家犬追物記』には、冒頭に持豊（宗全）の文章があり、

としていたのを、

宗全の次男是豊が文正元年（一四六六）に記した奥書のある「篠葉集」（続群書類従本は『山名家犬追物記』の巻頭に収める）は、持豊（宗全）自身の作であり、（六七頁）

と改めるべきであったとの一文があった。

本書の如き啓蒙的色彩の濃い教養書においても、決して手を抜くことなく、必ず原典に当たり、しかもそれを可能な限り正確に記そうとする真摯な姿勢に、頭の下がる思いがしたものである。今回の復刊に当たり、先生が気にしておられたこれらの訂正個所はもとより、私がその後に気付いた誤記・誤植も、すべて訂正させていただいた。もとよりこの程度のことで、先生の学恩にお応えできたとは思えないが、いくばくかのご恩返しにはなれたのではないかと思う。本書を先生の墓前に供え、改めてご叱声を仰ぎたい。

（皇學館大学教授）

本書の原本は、一九六六年に人物往来社より刊行されました。復刊にあたっては一九九四年に新人物往来社から刊行された新装版を底本といたしました。

著者略歴
一九二〇年　東京市に生まれる
一九四二年　國學院大学文学部史学科卒業
一九六五年　國學院大学大学院博士課程単位取得
國學院大学文学部講師、助教授、教授を歴任
二〇〇四年　没

〔主要著書〕
『細川頼之』（人物叢書、吉川弘文館、一九七二年）、『足利一門守護発展史の研究』（吉川弘文館、一九八〇年）、『中世都市「府中」の展開』（思文閣出版、一九九一年）

読みなおす日本史

山名宗全と細川勝元

二〇一三年（平成二十五）十一月一日　第一刷発行

著者　小《お》川《がわ》信《まこと》
発行者　前田求恭
発行所　株式会社　吉川弘文館
郵便番号一一三―〇〇三三
東京都文京区本郷七丁目二番八号
電話〇三―三八一三―九一五一〈代表〉
振替口座〇〇一〇〇―五―二四四
http://www.yoshikawa-k.co.jp/
組版＝株式会社キャップス
印刷＝藤原印刷株式会社
製本＝ナショナル製本協同組合
装幀＝清水良洋・宮崎萌美

ISBN978-4-642-06399-9

読みなおす日本史

刊行のことば

現代社会では、膨大な数の新刊図書が日々書店に並んでいます。昨今の電子書籍を含めますと、一人の読者が書名すら目にすることができないほどとなっています。ましてや、数年以前に刊行された本は書店の店頭に並ぶことも少なく、良書でありながらめぐり会うことのできない例は、日常的なことになっています。

人文書、とりわけ小社が専門とする歴史書におきましても、広く学界共通の財産として参照されるべきものとなっているにもかかわらず、その多くが現在では市場に出回らず入手、講読に時間と手間がかかるようになってしまっています。歴史の面白さを伝える図書を、読者の手元に届けることができないことは、歴史書出版の一翼を担う小社としても遺憾とするところです。

そこで、良書の発掘を通して、読者と図書をめぐる豊かな関係に寄与すべく、シリーズ「読みなおす日本史」を刊行いたします。本シリーズは、既刊の日本史関係書のなかから、研究の進展に今も寄与し続けているとともに、現在も広く読者に訴える力を有している良書を精選し順次定期的に刊行するものです。これらの知の文化遺産が、ゆるぎない視点からことの本質を説き続ける、確かな水先案内として迎えられることを切に願ってやみません。

二〇一二年四月

吉川弘文館